尽 善 尽 美　　弗 求 弗 迪

新媒体写作变现

从入门到精通

华文佳
——
著

电子工业出版社
Publishing House of Electronics Industry
北京·BEIJING

未经许可，不得以任何方式复制或抄袭本书部分或全部内容。
版权所有，侵权必究。

图书在版编目（CIP）数据

新媒体写作变现从入门到精通/华文佳著. —北京：电子工业出版社，2022.1
ISBN 978-7-121-42254-6

Ⅰ.①新… Ⅱ.①华… Ⅲ.①新闻写作 ②传播媒介－运营管理 Ⅳ.①G212.2 ②G206.2

中国版本图书馆CIP数据核字（2021）第212533号

责任编辑：黄益聪
印　　刷：三河市兴达印务有限公司
装　　订：三河市兴达印务有限公司
出版发行：电子工业出版社
　　　　　北京市海淀区万寿路173信箱　邮编：100036
开　　本：880×1230　1/32　印张：8.25　字数：171千字
版　　次：2022年1月第1版
印　　次：2022年1月第1次印刷
定　　价：55.00元

凡所购买电子工业出版社图书有缺损问题，请向购买书店调换。若书店售缺，请与本社发行部联系，联系及邮购电话：（010）88254888，88258888。

质量投诉请发邮件至zlts@phei.com.cn，盗版侵权举报请发邮件至dbqq@phei.com.cn。

本书咨询联系方式：（010）57565890，meidipub@phei.com.cn。

楔 子

怎样获得新媒体基础能力

第一节 认识新媒体

在讲我们的变现课程之前,我想先带领大家认识一下新媒体。

媒体就是传播信息的媒介。在互联网高速发展之前,用来传播信息的媒介主要是报纸、期刊、广播、电视等。这个阶段能够接触媒体内容生产的只有少部分的社会精英,这部分人承担着信息传播的责任,所以这个阶段又被称为精英媒体阶段。

互联网高速发展之后,电子书、博客、网络电视、直播等新媒体传播形式兴起,人人都可以参与到信息的制造和传播的过程中来。

新媒体让每一个人都能参与进来,人人都能够平等地进行信息传播、内容创造、沟通交流,其表现方式更加个性化、多样化,缩短了信息传播的时间,拉近了人与人之间的距离,使沟通更加便捷、高效。

新媒体的发展也给我们提供了更多展现自己的机会，但同时也需要我们具备一些基础能力，如下图所示。

参与新媒体内容生产需要具备的能力

- 内容创作能力：创作能力是竞争力的重要来源
- 工具操作能力：学习新媒体工具，提升自身的竞争力
- 持续输出能力：坚持不懈地输出，提升粉丝黏性
- 数据分析能力：知己知彼，查漏补缺

1. 内容创作能力

我们在平台上看到的所有内容，都是内容创作的结果。内容创作是一种能力，也是新媒体生命线的保证。

我们经常用"过气"来形容一些失去关注度的网络红人、歌手。通过研究不难发现，这些网络红人或者歌手，大多是因为没有内容创作的能力，才逐渐被遗忘、淘汰的，反观那些具有强大创作力、新作品层出不穷的人，才能经得起时间的考验。

所以，我们要有意识地去培养自己的内容创作能力，这是我们在新媒体平台上的立足之本，也是能保证我们不会失去竞争力的砝码。

在变现课程的前半部分，我们将重点讲内容的创作，尽我所能地让大家少走弯路，快速成长。

2. 工具操作能力

新媒体内容发布离不开我们对文案的编辑、排版。排版整洁、文案清晰、图文配比合理，才能吸引更多的流量和点击量。

这些工作离不开一些操作工具，比如 Word、Photoshop、PowerPoint 等。也有许多可以替代它们的"傻瓜"软件，操作起来比较简单，大家可以根据自己的需求进行选择。

3. 持续输出能力

现在的各大平台信息更迭速度很快，我们必须具备持续输出能力，才不会被巨大的信息流淹没。

保持持续输出能力，前提是要保持持续学习的能力，如果你不去学，只想满足于现状，不想进步，那么必然会止步不前。

人都有惰性，想要保持持续输出，就必然要找到一个让我们持续输出的原动力，我认为原动力之一是——赚钱。

如果我们的输出能给我们带来足够的收益，那么坚持就不再是一件痛苦且无趣的事，这也是我们要将写作和打造个人 IP 同变现结合起来的主要原因。

4. 数据分析能力

我们要学会去分析我们各平台账号的数据表现：哪篇文章带来的流量大，哪段视频的转发量高，哪个时间段进行推送效果最好，不同用户面对不同的内容都呈现着怎样的阅读趋势……学会分析这些数据，我们才能知己知彼，查漏补缺。

数据的分析能力能帮助我们保持清晰的逻辑，把复杂的问题用清晰明了的数据来提炼展示。刚入门的读者，可以从 Excel 入手，逐步提升。除此之外，大家还可以使用 RAWGraphs、Power BI、Visme 等图标工具。

第二节　运营新媒体

1. 新媒体写作

互联网的发展颠覆了传统的写作方式，新媒体写作也让越来越多的文字爱好者参与到写作这件事情中来。

新媒体写作严重依托于各大新媒体平台，我们想要通过新媒体写作来创造价值，进行变现，就需要对各大平台的"习性"进行深入研究。

本书将详细地讲解两种新媒体写作方式：一是新媒体文章的写作，二是网络文学的写作。

新媒体文章的写作更适用于大部分对新媒体写作感兴趣的新人，更容易上手，也更容易变现。网络文学则对个人写作的综合能力有着较高的要求。大家可根据个人情况和需求进行选择，充分利用新媒体的写作平台传播信息，创造价值。

2. 新媒体运营

想要做成熟的新媒体人，打造专属于个人的 IP，是绝对离不开新媒体运营的。熟练地运用新媒体工具，深挖新媒体平台的运作方式，才是新媒体变现的基础。

个人新媒体运营通常分为三个阶段：

（1）新手阶段

这个阶段的新人对于运营还没有一个清晰的概念，对新媒体运营有着极大的兴趣，但也更容易半途而废，无法深入学习。

处于这个阶段的新人需要戒骄戒躁，认真学习掌握新媒体所需技能，熟悉各类新媒体工具，尽快地将理论和实践结合起来。

（2）成长阶段

熟悉了新媒体工具的新媒体人，对于新媒体运营概念有了大致的了解，对于新媒体平台有了更深的认识，对于新媒体工具的使用也更加熟练。

处于这个阶段的新媒体人，只需要深入地挖掘新媒体运营的特征，总结新媒体运营的规律，就可以不断地提升运营新媒体的综合能力。

（3）成熟阶段

处于这个阶段的新媒体人，往往拥有了成熟的团队，有着更加清晰的目标和统筹思维，通过新媒体进行变现的能力也更加成熟。

新媒体运营是新媒体写作的延伸和发展，也是从事新媒体行业必不可少的关键一环。

只有认识新媒体，熟练运用新媒体，才能在新媒体行业有好的发展。

3. 新媒体底层逻辑的改变

底层逻辑的改变，简而言之，就是对原有认知的迭代或颠覆。

比如，你原本认为大熊猫是食草动物，但通过调查研究发现，大熊猫原来是食肉动物，"萌"只是它的表象，在上古时期它却是跟蚩尤并肩作战的猛兽。

这个新的认知颠覆了我们对大熊猫原本的印象，让底层逻辑也发生了改变。

许多新手在写作时常会想到哪里就写到哪里，惯于从自己的角度去创作，却忘了我们创作的目的是服务用户。所以我们在考虑一篇文章的定位时，首先要从用户的角度出发；设计一款产品时，首先要从用户的需求出发。我们只有转变了思维，才能抓住问题的根本。

那么，怎样转变自己的底层逻辑呢？

①学会换个角度思考问题

管理学上有一个理论叫"木桶定律"，说的是决定木桶能盛多少水的关键因素，是那块最短的板子。这个理论曾经风靡一时，受这个理论的影响，许多人都在寻找自身的"短板"，但许多人也忽视了一个问题："木桶定律"针对的是管理学，而非个人。

我们的时间和精力都是有限的，我们不可能精通所有行业，许多时候最能体现我们个人能力的是那块"长板"，我们只需要在"长板"上持续不断地学习、深耕，就能做出不俗的成绩。

许多写作者在选择自己的定位时，常会盯着自己的"短板"，认为自己一无所长。事实上，不管我们有没有"长板"，选择自己最喜欢的那一块不断地去提升，就能打造出属于自己的"长板"。

②学会提升自己的格局

什么是格局呢？我认为是认知、眼界、胸襟和气度。

同样的一个苹果，有人被砸到了只觉得疼，而牛顿却发现了"万有引力"。这就是牛顿的格局。格局放大点，不就是认知多点、眼界宽点、胸襟广点、气度大点吗？

内容创造需要我们有更大的格局，能够站在更高的角度去看问题，才能写出更具深度的好文章。

③实践出真知

我们都知道"实践是检验真理的唯一标准"，但大部分人还停留在想的阶段，对于这部分人来说，想和做似乎永远隔着"天堑"。如果我们不去实践，那么再神乎其神的技巧，也是一堆没有意义的"废料"。

有一句话说得特别好："当我们迈出第一步后，最艰难的便成了从前。"写作是一个需要不断积累的过程，只有真正开始去写、去做，学习才有价值，不然就是在浪费时间。

接下来的课程，我们会在前 6 章里讲如何写作，如何进行写作变现；后面的 4 章则会系统地告诉大家，如何通过打造个人 IP 来进行变现。

从现在开始，拿起纸和笔跟我一起开启学习之旅吧……

目 录

第 1 章 开始写作前的准备 / 001

1.1 充分的自我认知 / 001
1.1.1 对个人现状进行分析 / 002
1.1.2 是否想要改变现状 / 004
1.1.3 正视自己内心的欲望 / 005
1.1.4 打破固有认知，深入研究市场风向 / 006
1.1.5 不要让自我认知成为绊脚石 / 007

1.2 明确创作的本质 / 008
1.2.1 满足自我需求 / 009
1.2.2 满足受众需求 / 010

1.3 养成正确的写作观 / 012
1.3.1 写作没有捷径 / 012
1.3.2 要学会苦中作乐 / 013
1.3.3 要有死磕到底的精神 / 014
1.3.4 让行动先于思考 / 014
1.3.5 将写作变成一个好习惯 / 015

1.4 写作要避开的几大雷区 / 016
1.4.1 抄袭无罪，抄袭有理 / 016
1.4.2 盲目自大，自我感觉良好 / 017
1.4.3 盲目清高，不愿迎合市场口味 / 017
1.4.4 咬文嚼字，不接地气 / 018
1.4.5 眼高手低，恶性循环 / 019

第 2 章 选题是内容创作的基础 / 020

2.1 好的选题要具备哪些要素 / 020
2.1.1 要有广泛的受众基础 / 020
2.1.2 要最大限度地引起受众共鸣 / 021
2.1.3 要有新颖的选题角度 / 023
2.1.4 要把握热点出现的时机 / 024

2.2 给你一个完整的选题思路 / 024
2.2.1 题材筛选，紧抓热点 / 025
2.2.2 立意评估，分享价值 / 026
2.2.3 文章角度，新鲜有趣 / 027
2.2.4 信息整合，编辑成稿 / 029

2.3 行之有效的选题方法 / 030
2.3.1 需求选题法 / 030
2.3.2 平台工具选题法 / 034

第 3 章 内容框架是文章的骨骼 / 036

3.1 怎样构建内容框架 / 036
3.1.1 了解文章内容框架 / 036
3.1.2 常用的经典框架法则 / 039

3.2 不同类型内容框架模板 / 045
3.2.1 根据文章类型划分 / 045
3.2.2 根据逻辑结构类型划分 / 048

3.3 构建文章内容框架要注意的几个问题 / 051
3.3.1 写作的三大雷区 / 051
3.3.2 写作的三个要点 / 053

第 4 章　标题是文章的门面 / 057

4.1　好的标题具备哪些要素 / 057
4.1.1　简单明了接地气 / 057
4.1.2　反映用户需求 / 058
4.1.3　表达文章核心观点 / 059
4.1.4　激发受众分享欲 / 060

4.2　取一个好标题需要哪些技巧 / 061
4.2.1　深挖人性式标题 / 061
4.2.2　热词效应式标题 / 065
4.2.3　其他实用类标题 / 068

4.3　怎样建立标题库 / 071
4.3.1　素材寻找 / 072
4.3.2　归纳整理 / 073
4.3.3　复盘输出 / 074

第 5 章　写出一篇爆款文章 / 076

5.1　怎样才能写出爆款文章 / 076
5.1.1　写一个让人充满期待感的开篇 / 077
5.1.2　文章内容要引人入胜、新鲜有趣 / 081
5.1.3　写一个引人分享的结尾 / 083

5.2　怎样提高文章的写作水平 / 085
5.2.1　词句的有效积累 / 086
5.2.2　文章节奏的有效把控 / 088
5.2.3　写作能力的全面提升 / 092
5.2.4　素材库的积累与应用 / 096
5.2.5　素材积累的三大技巧 / 099
5.2.6　素材温习的三大要点 / 102

第 6 章 写作变现全攻略 / 107

6.1 常用写作变现方式 / 107
6.2 平台与写作的完美结合 / 111
6.2.1 平台的选择 / 111
6.2.2 持续在平台进行深耕 / 113
6.2.3 利用平台深度变现 / 116
6.3 写作变现的三个技巧和四种能力 / 118
6.3.1 写作变现的三个技巧 / 118
6.3.2 写作变现的四种能力 / 122

第 7 章 全面构建多平台矩阵 / 127

7.1 多平台矩阵介绍 / 127
7.2 构建多平台矩阵的策略 / 129
7.2.1 平台选择 / 129
7.2.2 差异化运营 / 134
7.2.3 平台内容输出 / 135
7.3 主流平台推荐 / 138
7.3.1 知乎 / 138
7.3.2 今日头条 / 153
7.3.3 微博 / 157
7.3.4 微信公众号 / 163
7.3.5 小红书 / 167
7.3.6 阅文 / 番茄 / 掌阅等网络交易平台 / 169

第 8 章 搭建私域流量池 / 175

8.1 私域流量池 / 175
8.1.1 什么是私域流量 / 175
8.1.2 打造私域流量池 / 176
8.1.3 打造个人品牌是最好的私域流量引流手段 / 179

8.2 如何进行粉丝裂变 / 183
8.2.1 粉丝裂变的好处 / 183
8.2.2 粉丝裂变的根本原理 / 186
8.2.3 粉丝裂变的三种形式 / 189

8.3 如何建立自己的社群 / 192
8.3.1 创建社群的优越性 / 192
8.3.2 怎样建设好社群 / 194
8.3.3 建立社群需要避开的几个雷点 / 197

第 9 章 设计属于自己的变现产品 / 199

9.1 每个人都能做出好产品 / 199
9.1.1 好产品的三大要素 / 199
9.1.2 怎样获得产品 / 201

9.2 怎么设计自己的产品 / 204
9.2.1 产品服务 / 204
9.2.2 产品构架 / 206
9.2.3 产品营销 / 209

9.3 产品和个人能力的迭代升级 / 213
9.3.1 产品的迭代升级 / 213
9.3.2 建立产品反馈机制 / 216
9.3.3 底层逻辑认知的迭代 / 217

第 10 章 注重个人 IP 的打造 / 223

10.1 了解个人 IP / 223

10.1.1 个人 IP 的优越性 / 223

10.1.2 个人 IP 的价值 / 226

10.2 打造个人 IP 的路径 / 228

10.2.1 做好定位，确定努力方向 / 228

10.2.2 高效输出，让用户为你花费更多的时间 / 234

10.2.3 良性循环，开始变现 / 238

10.3 个人 IP 变现方式 / 239

10.3.1 内容变现 / 240

10.3.2 带货变现 / 241

10.3.3 社群变现 / 244

第1章　开始写作前的准备

● 1.1　充分的自我认知

许多初涉写作的新人，对于自己笔下的文字往往过分自信，这是很糟糕的。倘若这些新人无人指导，就会走很多很多的弯路，浪费大量的精力和时间。

我就曾是其中的一个。

在写作的道路上，我踩过无数的坑，触过无数的雷，执迷不悟地写了六七年，直到连生活都成问题时，才开始考虑一个问题：我写作，到底是为了什么？

是为了织梦，还是仅为满足自己的表达欲，还是为了赚钱养活自己？

这个念头冒出来后，我苦苦地思索了很久，直到有一天，我释然了，我告诉自己，我至少应该先吃饱饭。

有了这个想法之后，我一下子变得轻松起来，我的目标变得简单而清晰。目标就像是一盏明灯，指引着我向前再向前。

我停滞不前的写作事业，突然就有了转变。在这之后，从默默无闻的小作者到单本稿费破百万元的作家，生活给了我更多超乎想象的东西。

这一切的收获,归根结底是因为我对自己有了一个清晰的认知。

充分的自我认知,是一件重要且必要的事,它能让你拨开云雾,快速地找到行之有效的解决方案,最大限度地节省你的精力和时间,帮你走上成功之路。

那么,怎样才能有充分的自我认知呢?

1.1.1 对个人现状进行分析

相信每一个想要提升自己写作能力的人都是在写作道路上遭遇了挫折的人,或者迷茫于不知怎样下笔,或者纠结于自我表达和金钱的不可兼得,或者迫切地想要拥有一个可以利用文字变现的工具。

外部的困难继而衍生出许多烦恼来,我们时常因此而感到焦虑、烦躁,深陷于思维的死胡同里难以脱身。事实上,外部困难是果,我们自己才是导致一切问题的因。只有找到我们自身存在的问题,才能找到更好的解决方案。

我们不妨先做几个选择题(可多选):

1. 我们的写作目的是什么?

A. 梦想　B. 金钱　C. 职业要求　D. 爱好　E. 其他

2. 我们擅长的类型是什么?

A. 短篇　B. 中篇　C. 长篇　D. 新媒体类型　E. 其他

3. 我们的写作水平如何？

A. 新人入门级

B. 有一定的写作经验，但没有任何成绩

C. 有很多写作经验，但依然没有任何成绩

D. 有经验，并且有一定的成绩

E. 其他

4. 我们的知识储备如何？

A. 不爱读书

B. 读过少量的书籍，知道的很少

C. 读过大量的书籍，知道的很多

D. 有丰富的知识储备

5. 当下所处的现状如何？

A. 兼职

B. 全职

C. 还未入门

D 其他

6. 当下的写作状态如何？

A. 对写作充满了迷茫，不知该怎样下笔

B. 知道自己想写什么，但不知道该怎样入门

C. 已经踏入写作大门，但屡屡受挫

D. 找到了写作窍门，小有所成

E. 其他

通过选择，我们很快能够明确自己所处的现状、所存在的根本问题、身上的短板及解决问题的方向。

1.1.2 是否想要改变现状

当我们认清了现状之后，自然也知道了问题的根本所在，那么，我们是否想要改变现状呢？

毫无疑问，大部分人是想要改变现状的。

写作是一项技能，在新媒体行业蓬勃发展的今天，通过这项技能来实现财务自由，已经有了无数的成功先例。

我每天都会收到很多网友的私信，他们不断地向我询问写作的技巧、写作的方向、写作平台的选择……所有询问的人，无一例外都是急于改变现状，想要在写作上获得进步的新人或者处于迷茫期的写作者。

每每遇到类似的写作者，我都会建议他们好好地审视自我，找出症结所在，再对症下药。

我教过的学生当中有位年轻的写作者，很喜欢写东西，但她很执拗，总是认为一切迎合市场的都是不好的，又苦恼于写出来的东西无人欣赏，以至于赚不到足够的生活费。我曾提示过她，让她转变自己的写作方向，改变自我现状，却被她拒绝了。几年后，这个写作者放弃了写作，因为她确实拿不到什么稿费，而对稿费的渴求又让她无法平心静气地去写作。

倘若你同样不想改变现状，那这本书对你来说就没有读下去的意义了；倘若你很想改变现状，并希望通过努力，在写作的道路上能有一些进步，那么，接下来的内容对你来说，会很重要。

1.1.3 正视自己内心的欲望

每一位写作者，都希望自己的作品能够得到认可和欣赏，倘若这作品还能给自己带来一些收益，或者直接让自己实现财务自由，那将是一件再好不过的事情。

对于相当一部分人来说，名利才是支撑梦想的基础。我们要做的，便是正视自己内心真正的欲望，确立自己真正的目的，从而行之有效地达到目的。

我写作十年，前六七年都是在一次次的失败中度过的，写出的东西没人看，石沉大海，只能依靠网站的"低保"（指网站更新全勤资金，每个月更满规定字数，并达到规定更新频次即可拿到几百元的全勤奖金，这笔奖金被作者们戏称为"低保"）度日。我无数次地问自己：是我不够努力吗？是我不适合这条路吗？是我写作水平真的很差吗？还是我自己的思维模式出了问题？

我有位朋友是专门研究市场的，有一次吃饭，他同我说："让你去迎合市场，不是让你放弃你的梦想，如果你连饭都吃不上，那你的梦想也很难实现。有时候，你的身价决定了你与梦想之间的距离，身价越高，梦想越容易实现。"

我听了后仿佛醍醐灌顶，心想：实现梦想的道路千万条，死守贫穷的那条，可能是最糟糕的。

现在回头看，十年前踏入写作之路时，我身边有一群小伙伴；十年后的今天，我身边只剩下寥寥几人。太多的人，因为不得其法或者其他种种原因，放弃了。但倘若这条路真的可以让他们衣食无忧，我相信，坚持下来的会是大多数。

1.1.4 打破固有认知，深入研究市场风向

一旦我们确定内心真正的欲望，就能回到正确的道路上来。迎合市场就是迎合你的受众，接下来你需要搞清楚的就是你的受众到底喜欢什么类型，具有什么口味。研究明白这些，你的写作也就基本有了方向。

当我开始研究市场风向，正视以前嗤之以鼻的东西时，我的固有认知就改变了。一个类型或者一个题材受欢迎，必然有其受欢迎的道理，在这背后，潜藏着的是巨大的受众市场和受众需求。

我们通过细致的分析，就能抓住受众的心理，从而写出符合他们心理需求的内容。

我有位朋友，特别喜欢写些伤春悲秋的句子。有一天她信誓旦旦地说想做个头条号，并利用头条号来赚点小钱。我那时刚好在接触头条号的一些课程，就向她要了她头条号的链接，结果我看完就乐了——她的那个号里，写的都是一些有感而发的心情日记。

我说，你这样不行啊，谁会跑到头条号上看别人写的日记呢？

我分析了一下她的性格和特长，让她先试试"青云计划"，又给她找了一些关于歌颂母爱的范文让她拆解。朋友看了范文后有些不乐意，她认为母爱是内敛的，赤裸裸地歌颂母爱过于将情感暴露在公众面前了。她想写一些关于情感的东西，但又不想让自己的心情暴露在别人眼前。

我说，写头条号是为了赚钱呀，想赚钱就得先把粉丝吸引过来，把点击率提起来，你要给粉丝一个关注你的理由啊，否则人家为什么要关注你呢？你写心事，可谁想看你的心事呢？你的心事能给人家带来什么帮助呢？

朋友好一阵苦恼，她没有办法打破自己的固有认知，也不愿意去研究受众、市场和风向，最后选择了放弃。

1.1.5 不要让自我认知成为绊脚石

许多人还没有开始写，就被无穷无尽的想法消磨了积极性，还没开始就放弃了，这是不对的。这同时也证明，这个人根本就不适合这条路。

也有人恨不得将问题的方方面面全部想明白才开始下笔，以至于想了好几年，还没有开始，这也是不可取的。

我们一定不要让错误的自我认知成为路上的绊脚石，正确的自我认知应当有效地帮助我们少走弯路，而不是增加思想包袱。当我们决定去做这件事时，做好这件事才是唯一的目标。

我从事编辑行业之后，指导过许多的作者。有位作者很有趣，还没有投稿，就担心自己会被拒稿；投了稿之后呢，又担心读者不喜欢，给她差评；等反馈出来了，又怕自己不能坚持写下去。之后突然就不写了，哭着跟我说自己写不了了。

我问她为什么，她说："我知道我特别差，但我又害怕失败，我就是这样一个注定一事无成的人。"

我听了这个回答后，哭笑不得。

这个作者不是没有自我认知，而是太有自我认知但又太不自信了，因为想得太多，导致她根本无法下笔去写。像这种作者，自我认知反而会成为其前进的绊脚石。

1.2 明确创作的本质

我们写作，首先要明确的便是创作的本质。刚踏入写作门槛的新人很少会去想：人们为什么要创作？人们为什么需要创作？为什么各式各样的内容，都有人买账？

答案是需求。

人们对精神文化的需求，是创造力的源泉。因为需求存在，所以才衍生出各式各样的艺术形式。也是因为需求，文明才会延续至今，并且往更高的层次发展。

1.2.1 满足自我需求

当外界的文化产品无法满足个体自我需求时,个体就会寻找适合自己的创作方式来满足自我需求。创作者在进行创作时,往往也是以满足自我需求为出发点的。

我们通过文字来表达内心情感,记录历史,传递信息,都是满足需求的种种体现。

1. 满足自我精神需求

我年幼的时候,脑子里时常冒出许多奇奇怪怪的想法。那时的自己,尚不知怎么去表达那些奇怪的念头,时常还会因为走神发呆,被家长严肃批评。

高中时代,学校开办校园杂志,我开始写现代诗,没想到的是,课余时间写的几首小诗,竟然被校园杂志选中刊登。那时我发现,写诗已经不足以让我充分描绘脑海中的幻想了,于是我开始利用课余时间写故事。

即便当时文笔稚嫩,但创作的过程给了我极大的精神满足。

我这才发现,写一个故事竟能让自己变得如此愉悦。如今想来,那是巨大的精神上的自我满足,也是这种满足感,让我从此踏上了写作的道路。

2. 满足自我物质需求

逐梦的路上并不总是一帆风顺的,当写作成为我生活中不可分割的一部分时,现实生活的压力逐步显现。

精神上的满足显然不能填补物质上的需求，所以写作变现就逐渐地变成我创作的原动力。当写作变现成为一门可以实现财务自由的技术时，这个需求就会倒逼我们进行文字输出。

我在写作之初，是没有稿费收入来源的，那时梦想是支撑我写作的原动力。当我踏足社会，成立家庭时，收入不稳定就成了写作要面临的最大难题。

那段时间，我不得不放弃写作，找了一份收入稳定的工作。

倘若我们吃饭都成问题，满足自我物质需求就会被放到选择的第一位。

所以写作变现不是可有可无的事，而是必不可少的事。我们明确目的不是要放弃梦想，而是让梦想更容易实现。

3. 满足自我对社会认可的需求

根据马斯洛需求层次理论，当物质需求被满足后，人就会转向追求社会认可。

社会认可能够在我们进行社会活动时，给我们提供便利，也是我们社会价值的一种体现。

满足自我对社会认可的需求，也是满足自我对实现社会价值的需求。

1.2.2　满足受众需求

当自己的文字受到他人关注和喜爱时，创作者本人也会产生强烈的成就感和满足感，同时创作者与读者之间，也会通过文字达成精神上的契合，形成正向反馈。

我们想要通过写作实现财务自由，首先要学会的就是满足受众需求。

那么，怎样去迎合受众需求呢？

1. 研究市场流行方向

大部分的写作新人，还处于满足自我需求的阶段，想到哪里写到哪里，想到什么去写什么，懵懵懂懂地写了许多年，依然没能写出成绩。

市场喜欢什么、流行什么、最热门的题材是什么，是我们必须研究的。不排除小众题材会火的可能，但概率太低，不能帮助我们快速地进行写作变现。

研究市场流行方向，可以让我们少走弯路，准确地捕捉爆文所具备的基本要素，缩短变现时长。

2. 研究受众群体阅读习惯和口味

不同受众群体有不同的阅读习惯和口味，抓住受众群体的需求点来进行内容定位，会为我们节省大量的时间和精力。

同时，根据受众群体的习惯和口味不断地进行写作方向调整，也能让自己的作品紧跟市场的潮流和风向，提升作品的竞争力，适应市场的变化。

3. 根据受众确定写作类型

一种题材爆火，必然是因为这种题材契合了大部分受众的需求点，这是很值得入门新人去反复研究的。

准确地找到这种题材的爆点，再根据爆点来确定写作类型，可以帮助我们跳过对新题材的研究、摸索的阶段，一步到位。

站在受众的角度考虑问题、分析问题，能让我们更准确地直击事情的本质，快速有效地找到解决方案，这是我们必须做到的。

1.3 养成正确的写作观

创作的过程往往是枯燥且乏味的，我们在创作的过程中，首先要学会忍受孤独和寂寞，只有坐得住、耐下心，才能持之以恒地进行内容输出。

许多新人还未入门，就因为过程太枯燥而放弃了。也有一些人，灵感来了就像打了鸡血，一鼓作气地写写写，等激情散去，残稿就被束之高阁了。

日常生活中，我们不可能时时刻刻保持积极饱满的创作状态，而写作又是一个消耗时间与精力且需要长久积累的过程，所以养成一个正确的写作观，不仅有利于我们提升写作效率，还能帮助我们长久地坚持下去。

那么，怎样才能养成正确的写作观呢？

1.3.1 写作没有捷径

不管我们是基于什么目的走上写作这条路的，都要时刻提醒自己保持良好的写作心态。

现在的人，生活节奏越来越快，每天通过互联网接触的信息越来越多，时间被五花八门的新闻娱乐占据，心思容易浮躁，真正能够静下心来专注写作成了一件很艰难的事情。

许多新人发来私信问我："老师，我要怎么做才能直接赚到钱？"

写作确实能变现，但这并不代表随随便便地写一写或者用上几个技巧，就能直接赚到钱。日常的积累和学习，是写作必不可少的一环，且贯穿始终。

写作没有捷径，我们只能通过学习，让自己尽可能地少走弯路，逼迫自己进行更加有效的提升，反之，一味地追寻写作的捷径，不但会让人变得心浮气躁，也会失去写作的乐趣。

1.3.2　要学会苦中作乐

写作的过程虽然难免枯燥乏味，但真正热爱写作的人，总会学着苦中作乐。

当我有写作任务要完成时，我会给自己制定阶段性的小目标，完成后就给予自己一些奖励。比如写了多少字之后，我就犒劳自己一顿大餐，或者干脆带着电脑出去旅行。在不同的地方写作会有截然不同的心境，乐趣和灵感都会被激发出来。

苦中作乐同时也是一种好心态，对我们的生活、学习都有极大的帮助。

有这样一位作者，很有写作天分，但是吃不了苦。遇到写作任务时，满口答应会按时完成，关键时刻却总会找各种理由拖延。最后影响了自己的发展不说，也失去了很好的工作机会，令人遗憾。

1.3.3　要有死磕到底的精神

做任何事情，都要有一点死磕到底的精神，当你感觉自己要放弃的时候，告诉自己再坚持一下，或许就能收获意想不到的结果。

日常写作中，我们要养成不拖稿、完整成稿的好习惯；内容上，则要有钻研深耕的精神，挖掘更深层次的东西和更好的文本表达方式；写作风格上，则要积极寻找最适合自己的风格，让我们的文风更具亲和力，更接地气，更利于受众消化吸收。

除此之外，我们在日常的知识积累上，也要发挥死磕到底的精神。当我们学习新的知识后，要学会进行总结复盘，反向输出，从而吸收更多的知识。

坚持是个老生常谈的词了，持之以恒的写作，不仅能有效地提升我们的写作能力，也有利于我们进行稳定的内容输出。

1.3.4　让行动先于思考

对于一个从来没有接触过写作的新人来说，丰富的想象力固然是创作的基石，但如果不将想象落实到笔端，那么创作也将失去意义。

前段时间，一位很久不联系的同学突然给我发信息说自己有一个特别新奇的想法，想把这个想法写成故事，故事的大纲都想好了。

我看了下大纲，故事其实挺有意思的，如果能写下来，应该能吸引很多的读者。

过了三天，我问这个同学写得怎么样了，同学表示还没有开始动笔；十天后我问他写得如何了，同学说工作太忙，有时间再写；到今天这件事已经过去三个月了，这位同学还没有开始动笔，我想他大概以后也不会动笔了。

让行动先于思考，是克服写作困难的第一步，也是最重要的一步，只有真正地跨出这一步，才能真正踏入写作的大门。

1.3.5　将写作变成一个好习惯

对于从没有接触过写作的新人来说，将写作培养成一个好习惯是持之以恒去写作的基础。

写作不是一蹴而就的，创作一款爆文需要的不仅仅是技巧，还有长久的积累。将写作有意识地培养成一个习惯，写作便会逐渐成为一件简单的事，写作能力也能在不知不觉中得到有效提升。

相信大家对网络文学并不陌生，网络文学作家们不管在什么情况下，要尽量保持每天更新，这样才能留住更多的读者，久而久之，每天更新就成了一种习惯。我身边的许多作家，在一本书完结的时候，都会有种怅然若失的感觉，这不仅仅是对故事的意犹未尽，还有对突然清闲下来的不适感，每天不去写一些，总觉得缺少点什么。

习惯是战胜一切困难的解药，当我们习惯于创作的时候，那些让我们望而却步的困难都将迎刃而解。

1.4 写作要避开的几大雷区

新人写作总会遇到这样或那样的问题，一不小心就会踩到雷区，浪费时间不说，还会让所有的努力也付诸东流。

我们在这里要说的几个雷区，是在日常写作中必须避开的。事实证明，避开这几个写作雷区，能让作者少走许多弯路。

1.4.1 抄袭无罪，抄袭有理

抄袭这件事，已经成了各领域无法根除的毒瘤，有些嚣张的抄袭者，大段地复制他人作品，并振振有词地将这种行为粉饰成借鉴、致敬，这种行为是极其不可取的。

随着版权意识的增强，读者对抄袭的容忍度也越来越低，抄袭最终的归宿是自取其辱。

原创是写作的本源生命力，抄袭不但会让我们丧失原创力，还会惹来许多麻烦，最终害人害己。

但也有些作者，是分不清抄袭与模仿的界限的，有时候只是因为喜欢，无意识地进行了模仿，却触碰了抄袭的底线，引来麻烦，得不偿失。所以多了解一些版权知识，是十分有必要的。

1.4.2 盲目自大，自我感觉良好

有这样一位作者，对自己写的内容十分自信，"我不用修改，我觉得我写得很好，别人写得都没有我好"是这个作者的口头禅，结果他写了很多年也没能写出成绩来。

作者对于自己的文字充满自信是一件好事，但如果过度自信，无法听取别人的意见和建议，就应该进行反思了。要记住，越是有能力的人越善于听取别人的意见。

文章能被找得出问题，说明你这篇文章还有进步的空间，盲目自大只会让你故步自封，停滞不前。对于一个想要依靠写作来变现的作者来说，这种心态也会阻碍你深度挖掘受众的需求。

我们写文章，尤其是新媒体类的文章，更应该关注受众的需求点，走出自我小世界，迎合受众大世界，真正抓住新媒体市场需求的本质，才有可能写出爆款。

1.4.3 盲目清高，不愿迎合市场口味

创作新人常会产生这样的认知偏差：只要是大众欢迎的，就是俗的；市场越是喜欢，我就越是要反其道而行之，不写迎合市场口味的。这种做法，虽然也有一定的概率写出小众爆款文章，

但更大的概率是我们推送出去的东西无人问津，点击寥寥，白白辛苦一场。

想要通过写作变现，离不开受众群的喜爱，受众群越是庞大，变现的机会越大，价值越高。反之，变现难度则会成倍增加。

我们要有意识地站在受众角度去考虑问题，研究市场风向。盲目清高，只会落得无人问津的结局。

1.4.4　咬文嚼字，不接地气

创作新人在写文章的时候，很容易将重点放偏，把精力主要花费在堆砌辞藻上面，文字是华丽了，却很容易让受众产生语言晦涩难懂、不易理解的感觉。尤其是互联网时代，大众获取信息的方式碎片化，更注重阅读轻松、易吸收、重点明确的内容，咬文嚼字掉书袋会直接降低受众阅读兴趣，拉低文章阅读量。

我们写文章，尤其是新媒体文章，要将晦涩的内容以简单、易懂、接地气的方式呈现出来，达到吸引受众的目的，降低受众的理解难度和时间消耗。

在人设的营造上，也要更加接地气，拉近跟受众之间的距离，保持良好的互动。

1.4.5 眼高手低，恶性循环

"不要看这个人怎么想，要看这个人怎么做"，目标定得再高，口号喊得再响亮，却远远地超出了自己的能力范围或者根本不去行动，最后也将一事无成。

许多人写作是出于热爱，有些人则是将写作当成一种变现的手段。不管是出于什么目的，我们都需要明确自己的方向，立足于现实，坚定地走好脚下的每一步，才能将写作这门技能练到炉火纯青的地步。

避开写作雷区，才不会在写作的过程中"爆雷"，没有一个好的写作心态，不明白写作能满足何种需求，缺乏清醒的自我认知，只靠一腔热血闯入写作的大门，是注定无法在写作的道路上行稳致远的。

第 2 章　选题是内容创作的基础

● 2.1　好的选题要具备哪些要素

许多写作者会经历一个不知道该写点什么的迷茫期，因为不知道该怎么写，所以自暴自弃，自我怀疑。这种情况归根究底还是因为没有做好选题。

什么是选题呢？

简而言之，选题便是选择要写的题材。

现在的写作题材种类繁多，在众多的题材中找到适合自己的写作题材，就等于成功了一半。

确定选题不但能节约我们收集资料的时间成本，提高收集资料的效率，还能迅速地适配受众群体，提升文章的推送精准度。

那么，好的选题具备哪几个要素呢？

2.1.1　要有广泛的受众基础

新媒体时代，流量为王，广泛的受众基础就是你文章的流量来源，受众面越广，流量越大，文章成为爆款的可能也就越大。

我们随便翻开一个娱乐八卦和科学杂谈的公众号就会发现，

娱乐八卦类的公众号，无论是点赞量还是阅读量都能比较容易地达到"10w+"，而科学杂谈类的公众号，却往往只有几千的点击量。

是科学杂谈类的文章写得不够精彩吗？当然不是。

科学杂谈的受众群体远远小于娱乐八卦的受众群体，几乎人人都爱娱乐八卦，但喜欢看科学杂谈类文章的人却很少。

所以，选择受众基础更加广泛的题材对于新人来说不失为一条捷径。

2.1.2 要最大限度地引起受众共鸣

我们的文章推送后，其数据就不再是我们自己所能控制的了。一篇爆款文章往往有着大量的转赞评，而更多的文章则是点击寥寥，最终被淹没在层出不穷的信息流内。

为什么有的文章能引发受众的追捧，而有的文章却来不及呈现在受众面前，就消失得无影无踪了？

我们的受众被我们的文章触动后，会自发地将这份触动分享给与自己志同道合的朋友，希望别人也被触动并给予认可。

这种触动常常体现在以下两个方面。

1. 情感触动

相信许多人都看过《我不是药神》这部电影，这部电影的名字看起来平淡无奇，但一上线，短时间内便形成了巨大的口碑效应，票房狂卷 30 亿元，成为年度最大黑马。

这部电影之所以能取得如此大的成功，除了台前幕后工作人员的努力，最主要的原因还是这部反映社会现实的影片在观众心里产生了强烈的共鸣。影片传递的理念，值得每一个人进行深思，最终也因为这部影片，国家医疗保障局将17种抗癌药纳入了医保报销名录。

有句话说得好：你得先让大象受触动，它才能听得进去道理。

情感上的认同是我们跟受众之间沟通的桥梁，文字是我们向受众展示价值观点的重要媒介。当受众的情感被文章触动了，我们的文章对于他们来说，才有了转赞评的价值。

2. 价值触动

举一个简单的例子：

有一段时间，我失眠特别严重，常常睁着眼睛到天亮，睡觉就成了让我特别头疼也迫切需要解决的一个问题。

这时候，我无意间翻到一篇关于快速入睡的文章。

方法很简单，只需要闭上眼睛，去捕捉眼皮下出现的小光点，坚持盯着那个小光点，很快就能睡着。

这个办法让我觉得很有意思，当天晚上就尝试了一下，没想到不到五分钟就睡着了。

这篇文章被我分享给了许多有同样失眠困扰的家人和朋友，也得到了一致的好评，这就是这篇文章给我带来的价值触动。

因为有价值，所以我愿意将这个文章分享出去，并且给作者留言表示感谢，甚至打赏。

价值触动常见于干货类的文章，这些文章必须让受众感觉有价值，且能真真正正地解决问题，让受众感觉有帮助，才能打动受众，仅靠堆砌起来的废话是不行的。只有干货质量过硬，才能让受众心甘情愿地去转发、点赞。

2.1.3 要有新颖的选题角度

2018年，电影《海王》热映，并在各大平台引发热议，知乎上出现一个问题：电影《海王》有哪些缺点？

这个问题随着电影的热映，很快登上了热榜，引发了许多知友的热议。

有位朋友特别想跟这个热点，点开问题一看，下面已经有2000多条回答了，且各种角度的缺点都被知友回答得差不多了。

朋友想要在这个时候脱颖而出，那就只能寻找一个旁人没有批评过的点或者更加新鲜有趣的角度来作答。刚好她是学营养学的，于是另辟蹊径，从营养学的角度批评了下海王母亲永葆青春这个点。

这个回答一出，很快就点赞破千次。

这就是角度新颖带来的优势。

所以我们定选题，一定要去寻找独特的视角，让受众有种耳目一新、眼前一亮的感觉，即便这个题材已经被人写过无数次，但我们凭借着新颖的角度依然能获得受众的热捧。

2.1.4　要把握热点出现的时机

互联网高度发达的时代，各类网络事件层出不穷，一旦引发热议很快就能形成热点，而爆文的诞生，往往是离不开热点的。然而，热点又是有时效性的，从酝酿到爆发再到消弭往往只有几天的时间，且一个热点的黄金时间往往只有 24 小时。

热点把握得当，出现爆文的概率才会增加。

我们要保持着对热点的敏感，才能在热点出现的时候，把握住热点上升的契机。

2019 年年底，新冠肺炎疫情开始肆虐，各地驰援武汉的医疗队，每天都会登上热搜。

这个时候，我的朋友写了一篇为无畏前行支援武汉的医疗团队加油的文章，这篇文章一经推送，迅速得到转发，点赞量很快超过 10 万，阅读量达到了 500 万，成为当日爆款。

那时朋友才刚刚开始做公众号，关注他的人很少，但因为那是全民抗疫的关键时期，这篇文章又紧抓住了当时的热点，自然而然地吸引到了巨大的流量。

● 2.2　给你一个完整的选题思路

一个刚毕业的大学生告诉我，自己很喜欢写作，脑子里也有许多许多的想法，但每次提起笔就会迷茫，完全不知道自己到底该写什么，时间一长就变得很焦虑，觉得自己没有写作的天赋，但又不甘心放弃。

出现这种情况通常有两个原因：一是对自己没有一个清晰的定位；二是没有做好选题，或者说没有一个完整的选题思路。关于个人定位，我们后面会详细地说明，这里我们先说一说选题思路。

2.2.1 题材筛选，紧抓热点

市面上的题材丰富多样，我们要依据自身的平台定位，选择最适合我们的选题。

首先，我们要在自己熟悉的领域做选择。

所谓"隔行如隔山"，各行各业都需要足够的知识沉淀。领域越熟悉，我们输出的内容就越优质；去写不熟悉的领域，自然会不得其法。

其次，我们要在熟悉的领域内寻找合适的热点。

大家都知道，热点之所以是热点，是因为关注和讨论的人多。一个热点的出现必然是附带着巨大的流量的，而新媒体写作有着自己的生命周期，紧跟着热点去写，才有爆的可能，错过了这个节点，我们的文章也会跟着失去价值。

然后，我们要在熟悉的领域内选择一个小的切入点。

上过写作课的朋友应该都明白一个道理：越是大的题材就越难以驾驭，论证的难度也会成倍地增加；选择一个小的切入点，反而更容易写出更精彩的文章。

最后，敲定我们要写的选题。

敲定选题就像盖房子打好了地基，接下来的所有内容，都是基于这个地基而出现的。地基不稳，那么房子也会成为危房。

所以，我们的选题一经敲定，就不要再去随意地更改变化。

2.2.2 立意评估，分享价值

当我们确定了选题之后，就要针对选题对立意进行评估，一篇文章的好坏与这篇文章的立意有着直接的关系。

许多人对立意并不是很明白，其实立意就是写作意图、构思设想及思想内容，即我们这篇文章创作的目的是什么，我们想让读者看到的、要表达的是什么内容，我们要给自己的读者传递什么样的情感和价值观。

2017年，视觉志推出了一篇现象级爆款文《谢谢你爱我》。这篇文章推送四天后，阅读量突破了5000万，转发量超过了300万，也为视觉志带来了65万的粉丝量。

那么，这篇文章究竟好在哪里呢？一篇字数不多的短小图文，为什么能让如此多的人转赞评呢？

这篇文章写的都是些生活里微末的小事情，比如：没有手臂的小男孩用嘴叼着奶瓶给弟弟喂奶；一天赚20元的流浪汉却花了200元救下了满身是伤的小狗；一位年过九旬的迷路老人，因为阿尔茨海默病忘记了所有人，却还带着爱人的火化证明和写给爱人的信……

我们不难发现，这篇文章的立意和价值是传递生活中温暖的小事，同时给无数的人带去最平凡的感动。一个个小小的故事，戳中了无数人内心的柔软，引发了强大的共鸣。

因此，一篇文章的立意是否深刻，能否给读者带来价值，是我们必须考虑的一个关键问题。

2.2.3 文章角度，新鲜有趣

经过评估，我们基本可以确定要写的题材是什么样的了。开始动笔之前，我们就要考虑我们的内容从什么角度去写，这个角度能否让人眼前一亮，继而吸引人阅读下去。

所以，我们怎样寻找与众不同的选题角度呢？

1. 颠覆性

热点一出现，就会有一大批人去追这个热点，当众人的观点出现同质化的问题后，颠覆性的观点自然会脱颖而出。

事实也证明，新鲜有趣的观点和角度，总是能得到受众的追捧和讨论。比如《洗了一辈子的头发，你知道最要洗的是头皮吗？》这篇文章，大部分人都会认为洗头就是洗头发丝，却不知道洗头最重要的是洗头皮，我们从这个角度出发，就已经颠覆了绝大部分人的认知了。

这种颠覆性的角度能帮助我们的文章迅速吸引受众目光，引发点击狂潮。

2. 赋予新知

"奇怪的知识点又增加了",这句话在各大媒体常被网友拿来调侃一些超出了寻常认知的东西,让网友们增加了新的知识或有了新的发现。

这句话其实就是赋予新知的意思。

我们在写新媒体文章的时候,如果从为受众赋予新知这个角度去考虑,选题的角度自然而然就与众不同了。

不知道大家有没有看过卢克文工作室推送的那篇《走向存量残杀的危险世界》,这篇文章是讲当今局势下的世界经济的,对于不关注世界经济局势的人来说,这篇文章接受度并不高,但这篇文章的数据却很好。对于不懂经济的人来说,"存量残杀"是个新鲜词,对于有好奇心的读者来说,看完就能获得新的知识点。

这就是文章所具备的价值点。

3. 受众角度

没有阅读量的新媒体文章是没有意义的。想要让我们的文章获得更多的点击量和转赞评,就要站在受众的角度去考虑问题。

在做选题的时候,充分了解受众的痛点和需求点,挖掘他们内心的想法和认知,跳出自我思维去考虑选题,自然能够找到与众不同的角度。

公众号不会画出版社曾推出一篇爆文——《最近看不到你的

朋友圈了》，从标题中我们就能看出这篇文章站在了受众的角度去反映我们生活中的一件小事，这件小事还是跟我们每个人都息息相关的，也是许多人都遇到过的，这无形之中戳中了受众心中隐藏的那件小秘密，获得共鸣自然也是意料之中的事。

2.2.4 信息整合，编辑成稿

一篇文章，尤其是新媒体图文类文章，是离不开素材收集的，我们要根据需要对各类信息进行归纳整合、图文编辑，直到最后成稿。

就拿我们之前提到的那篇《谢谢你爱我》来说，整篇文章就是对十几件新闻中出现的小事进行的罗列，这些新闻素材，就是收集整理的成果。

作为一个创作者，应该将素材收集作为日常生活中的一个习惯。"不积跬步，无以至千里；不积小流，无以成江海"，只有不断地积累学习，我们才能在写作时信手拈来。

信息整合同时也是对我们日常接触的信息的提炼和复盘。日常工作生活中，我们随处可以接触新的信息和内容，不将这些信息融会贯通、整合处理，这些信息就是无效的甚至有害的垃圾信息。

就像《谢谢你爱我》这篇文章里的小例子，平时看到只是些不太起眼的新闻片段，或许我们看完就遗忘了，可当我们将这些许多个不起眼的片段整合成一篇文章的时候，这些片段就开始有了不平凡的意义。

2.3 行之有效的选题方法

选题这么重要的事情,如果有好的方法来提供支持,能大大地节省我们的时间和精力,达到事半功倍的效果。

我通过学习整理,总结出了几类常用的选题方法。通过这些方法,我们能快速地定位选题角度,不管遇到什么类型的问题,都能有正确的选题思路。

2.3.1 需求选题法

需求是与生俱来的,人只要生存在这个世界上,就会产生这样或那样的需求,而我们写作的本质就是为了满足需求。

随着人们生活水平的提升,人们的需求也变得越来越多样化。

广泛的需求也为我们提供了各种各样的内容题材。分析需求,最常用的就是马斯洛需求层次理论了,马斯洛将人们的需求划分成五个层次,如图2-1所示。

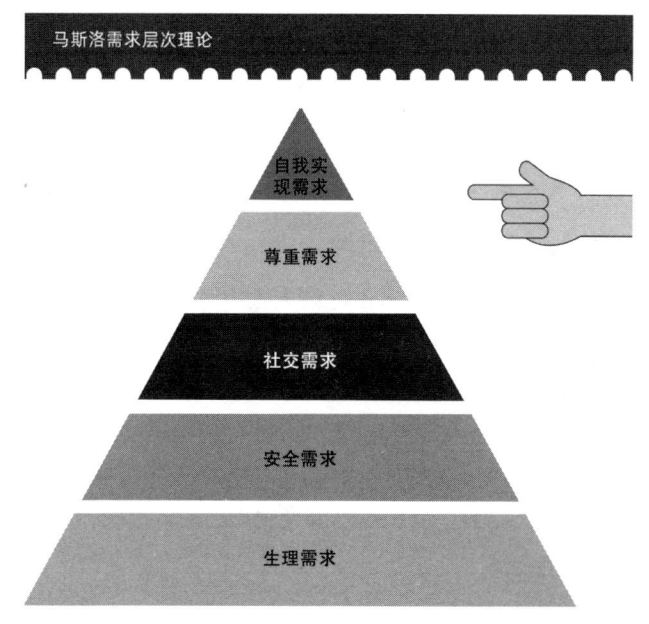

图 2-1 马斯洛需求层次理论

1. 生理需求

衣食住行，吃喝拉撒是人类生存最基本的需求，这些基本需求是一直存在且无法忽视的，而事关这些需求的选题，也是人人都会关注的。

比如，每年都会出现的食品安全卫生问题、房价问题、交通问题等，隔一段时间就会出现一次热点讨论。

对于这种题材，我们就可以有针对性地积累素材及草稿，热点出现时，就可以用最短的时间对草稿进行整理推送。

2. 安全需求

随着物质生活水平的提升，人们就会衍生出更高一级的需求，如对稳定安全的生活环境、简单方便的出行环境等的需求。如2018年发生的滴滴乘客被杀事件，引发了全网的高度关注，也给人们的出行安全敲响了警钟。

热点爆发期间，滴滴用户可谓人人自危。强烈的不安全感，引发了人们对滴滴公司的质疑，继而迫使滴滴公司进行调整，出台措施保障用户安全。

除了人身安全之外，财产安全、个人信息安全等也是人们日益关注且重视的话题。我们在选择题材时，对于这类需求也可以随时进行素材收集，并构思草稿。

3. 社交需求

社交需求是马斯洛需求理论中第三个层次的需求。互联网的高度发展，让人与人之间的联系更加紧密，社交软件也因此得到了蓬勃的发展。

人们对于社交的需求，开始不仅仅限于工作生活，娱乐方式的共享、网络文学的发展及新媒体行业的兴起，全方位地满足了人们对社交的渴望。

观点的碰撞、生活方式的差异、地域文化的差别都是我们可以进行深度挖掘的题材，比如那个每年都会引起讨论甚至争吵的话题——甜粽子好吃还是咸粽子好吃？这个话题每年都会被推上热搜，引发网友们的热烈讨论，我们可以从不同的角度去发表自己的见解。

4. 尊重需求

人都希望自己能有尊严地活着，日常社交活动中面子和尊重也是每个人都希望获得的，因需求而产生的题材也变得多种多样起来，比如《面子，是这个世界上最廉价的东西》《尊重别人，是最高贵的教养》，等等，这些文章都是基于尊重需求衍生出的讨论。

生活里，为满足尊重需求而产生的事物也随处可见，比如 VIP 卡、VIP 套房、贵宾候车室等，因此而产生的社会事件也层出不穷，而这些事件都是我们可以进行思考和选题的素材。

5. 自我实现需求

马斯洛需求层次理论中最高层次的需求就是自我实现需求，这种需求体现了人们对提升和实现自我价值的渴望，这里的自我价值可能是社会价值，也可能是精神价值，所以怎样提升实现自我价值的能力，一直都是人们关心的热门话题。

各大平台上，关于提升学习能力、自律性、记忆能力的方法，一般有着极高的关注度，从分享干货，满足受众需求角度出发的回答，也都能获得较高的转赞评量。我们在分享这样的内容时，也是在对我们自身的知识进行复盘和总结，帮别人提升的同时，也实现了自身的价值。

2.3.2 平台工具选题法

1. 热点选题

紧抓热点是新媒体创作的重点工作之一，热点事件也分为可预料热点和突发热点。

可预料热点，通常是指可以预期的热点。比如微博上每个月都会出现的#×月你好# #×月再见#，以及各种传统节日之类的话题，这种热点是每个月必然会出现的。

突发热点，通常是指超出预料的、随机的、不确定的热点。比如马航坠机事件、公交车坠河事件等。

热点事件一般具有很强的时效性，针对热点进行写作，要赶早不赶晚。

2. 频道选题

我们日常使用的各类平台，都有明确的版块划分，比如常见的军事、社会、国际、娱乐、情感、健康、财经、搞笑、科技等。

平台上的各版块，也都有各自的话题和热榜，参照这些，有助于我们精准选题。

我自己会经常在知乎平台上分享一些写作经验，我会直接点进写作这个频道来选择问题进行回答，这样的好处是精准对标对写作方面感兴趣的受众，同时也能不断提升自己在这个领域内的权重，让自己的回答位置更加靠前。

3. 竞品选题

在我们进行选题之前，可以去寻找跟我们同一个领域的优秀内容创作者，做一个竞品分析。

竞品分析就是指对同领域的竞争产品进行分析。有时，同一个题材，别人写的就能大火特火，我们自己写的却无人问津。这个时候，我们就要从自身找原因，并且分析一下别人的文章为什么会这么火。

"知己知彼，百战不殆"，只有真正地了解同领域的对手，才能取长补短，倒逼自己进步，弥补自己的短板。

知道了人家的长处，再根据对方的选题方向来做选题，虽然有讨巧之嫌，但只要能保证我们的文章具有原创性，写出与众不同的内容，我们就能迅速地脱颖而出。

第 3 章　内容框架是文章的骨骼

● 3.1　怎样构建内容框架

前面我们说到了选题的重要性，确定了选题之后，我们就可以构建内容框架了。

文章的内容框架就好比是人的骨架，没有骨架的支撑，人是无法直立行走的，没有内容框架支撑的文章，也不能称之为好文章。

有的写作者写文章，总是想到哪儿写到哪儿，整篇文章写下来，常常不知所云，这就是没有构建好内容框架的缘故。如何构建内容框架呢？

3.1.1　了解文章内容框架

一篇文章要有一个完整的内容框架。有的人写文章，总是会出现没头没尾的情况，造成文章"残缺"，这不仅会显得写作者很不专业，也会给受众造成很不好的观感。

那么，怎样的内容框架才算是文章的完整内容框架呢？

我把框架归类成两种：表象框架和本质框架。

1. 表象框架

表象框架是指文章表面的结构，也就是一眼就能看到的框架。

这个框架很简单，我们随便找出一篇文章就能得到答案。

① 标题

标题不仅是文章的门面，也是一篇文章的精华点。标题与我们文章的数据息息相关，基本能够决定一篇文章点击率的高低。

② 开篇

一篇文章的质量和传播度，看文章的前五句话就能看出来了，由此可见开篇的重要性。

后续我们也会重点说怎样才能写出好的开篇，这里不再赘述。

③ 案例

这个也是我们翻开一篇文章，一眼就能看到的东西。

翻开那些新媒体文章，案例随处可见，我在本书写作中，也用到了大量的案例作为论证，一方面是为了加深读者对内容的理解，另一方面则是让论点更具说服力。

④ 结尾

我们常说凡事都要有始有终，写文章也是。

当我们展开论点进行讨论之后，要给我们的文章一个定论，或者给文章一个精练的收尾，以免留下烂尾的遗憾。

2. 本质框架

没有框架的文章是无法读下去的。这样的文章，要么内容涣散，不知所云；要么虎头蛇尾，高开低走，成了烂尾文章；要么干涩无味，如同鸡肋，食之无味，弃之可惜。

除了很容易掌握的表象框架，我们更应该重视本质框架的构建。

本质框架设计的就是文章最为核心的东西，也是最难掌握的东西，就好比一部手机，有了各种各样的零部件，还需要手机操作系统。没有操作系统的手机只是一个由零部件组装到一起的硬家伙罢了。

我总结了构建本质框架的三个步骤：

（1）确定核心观点

核心观点是一篇文章的内核，也是整个文章的精华所在，如同太阳之于太阳系，只要太阳引力稳定，各大行星就不会跑出运行轨道。同样，只要我们的文章内核稳定，其他的分论点或者案例就不会是一盘散沙。

那么，怎样确定我们的核心观点呢？

首先，确定选题。其次，找到核心论点。

比如，我们要写母爱这个选题，那么怎样表达母爱就是我们的核心论点。

（2）根据内核确定框架

我们画素描时，通常会先确定画什么，再进行构图，画出大的结构后，再进行深度刻画，这个步骤同样也适用于写文章。

当我们确定了要写的核心观点后，就要确定合适的文章框架，常见的文章框架有以下几种：递进式、并列式、总分式。

我们可以根据需要，选择合适的框架排列要点，然后往构建好的框架内填充内容。

（3）寻找案例素材进行论证

有的知识点很晦涩，说起来长篇大论，枯燥难懂，但一个生动的例子能立刻让读者心领神会，还能调动其阅读积极性。

爆火的新媒体文章，几乎每一篇都会出现论证的案例，案例就如同依附于骨骼生长的血肉，不可或缺。

此外，还要注意成稿风格要尽量接地气。不知大家有没有留意，以前看起来遥不可及的机构，现在都在有意识地拉近跟网友之间的距离，大至外交部，小到支付宝，它们的官方微信号通过拟人化的运营模式跟网友进行交流，取得了很好的互动效果。

我们在写文章的时候，尤其是涉及那些十分晦涩难懂的专业术语时，要以接地气的方式将信息传达给受众，内容越是简单直白，风格越是轻松幽默，受众对内容的接受度就越高。

3.1.2 常用的经典框架法则

有位写作者非常勤奋，一篇上万字的文章，两天就能写出来，这种写作能力是很值得肯定的。但同时，他也有一个苦恼，就是不管他写哪个题材，怎么追踪热点，他的文章数据始终普普通通，不够出彩。

我看了他的文章，分析了两个原因：不生动，太平淡。

受众是非常挑剔的，当你的内容无法引起他们的兴趣时，你就会被毫不留情地抛弃。

那么，怎样才能让我们的文章变得更加吸引眼球呢？

我在这里给大家介绍三个世界知名的框架法则，这些法则都是经过岁月检验的精华技巧，让我们一起来学习吧。

1. 黄金圈法则

黄金圈法则（如图 3-1 所示）是英国作家西蒙·斯涅克（Simon Sinek）提出的世界上最简单的一种思维模式，这种思维模式颠覆了原本的从外到内的思考方式，从问题的本身出发，转变思考角度，直击问题内核，从而快速有效地解决问题。

黄金圈法则引导我们从三个层次来进行思考：why（为什么）、how（怎么做）、what（是什么）。

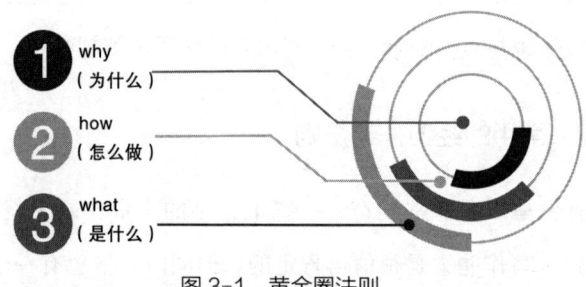

图 3-1 黄金圈法则

通过实践发现，当我们利用黄金圈法则来写文章时，文章就会变得更具条理性。

以我之前写过的关于怎样提高写作水平的一篇文章来给大家举例：

开篇时，我有一段是这样写的：

对于新人来说，怎样提升写作水平，往往是个困扰自身的大难题。

我也曾被这个问题反复地困扰过。

尤其是在看完别人的优秀作品后，赞叹之余，我都会陷入鄙视自己的泥潭。

同样的字句，为什么人家写出来，是那么优美，我写出来，却如此糟糕？

究竟，我们要怎样做，才能写得像他们一样好？

我在开篇部分，通过 what——写得好的标准是什么，引出 why——为什么我写得那么烂，别人写得那么好，直击新人写作者内心深处的痛点，并以"我"的身份，来达到跟读者们共情的目的，从而引出 how——我们要怎么做，才能写得像他们一样好？

怎么做呢？

我在下面列出了目录，即以并列式的结构框架罗列了解决方法。

①针对短板进行有效练习

②无约束意识练习法

③情绪练习法

④看图写字法

我们在写文章时，就可以通过黄金圈法则来完成一篇文章框架的构建，也可以将其应用到文章内容的写作里。

黄金圈法则中的三要素可以根据我们的需要进行排列组合。在各种排列组合方式中，按照"是什么—为什么—怎么做"的模式去填充内容，会让我们的逻辑看起来更加的严谨，同时，也能让我们的文章看起来更有起伏感，不会那么平淡，更值得读者期待。

2.SCQA 模型

SCQA 模型（如图 3-2 所示）是麦肯锡的咨询顾问芭芭拉·明托在《金字塔原理》一书中提出的"结构化表达"工具，包括情景展示（situation）、事件冲突（complication）、发出疑问（question）和回答问题（answer）四要素。

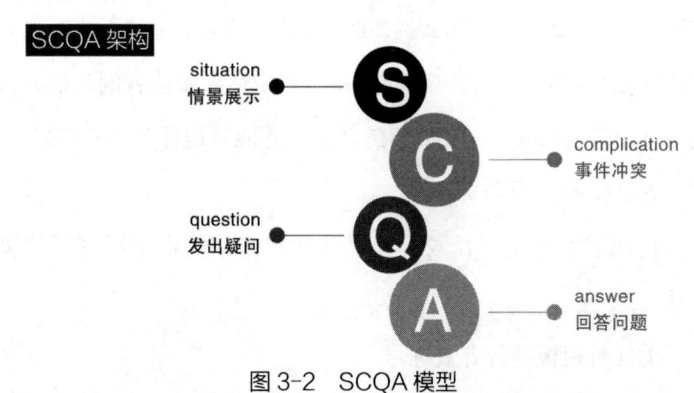

图 3-2　SCQA 模型

SCQA 模型的精妙之处在于，它可以通过情景描述快速地吸引受众的注意，从而使其聚焦到我们要表达的核心主题之上。

比如，我在《新人作者必看的 9 个底层写作逻辑》一文的开篇写了这样一个情景——

S：昨天，一个新人作者来找我，上来就说："编辑，我写作很好的，以前作文也拿过满分，这一篇稿子你能给多少钱？"

C：我看了作者的稿子后，婉转地拒绝了她。

Q：我为什么要拒绝她呢？是她写得不够好吗？

A：一则，作者给我的稿件，是一本第一人称生活日记，不符合我们的收稿要求；二则，作者对稿费有个不切实际的幻想，认为随便写写都能有钱；三则，作者自我感觉良好，从而引出了 9 个底层逻辑中的第一个底层逻辑——要有充分的自我认知。

通过 SCQA 模型，这篇文章吸引了很多有类似问题的新人作者，也让他们在有了期待的同时，将整篇文章完整看完。

SCQA 模型可以让我们克服文章平铺直叙的弊端，让内容变得有起伏和波折，提高阅读的趣味性，从而吸引更多的读者阅读。

这个模型同样适合文案、工作报告、广告及其他文体的写作。

SCQA 模型中的各要素同样是可以变化排列组合方式的。

比如 CSQA（冲突吸睛式）、ASCQ（开门见山式）、QSCA（悬念开场式）。

我们日常写作时，可以根据需要来对这个框架进行调整，这种方式尤其适合习惯于流水账写法的创作新人尝试新的写作方式。

3. 金字塔式框架

金字塔式框架，指在开篇的时候，就亮出结论，而后依次向下，对结论进行分解论证，完善细节问题。

比如，要写一篇题为《超厉害的作家，都是怎么塑造反派人物的》的文章，平铺直叙和使用金字塔式框架会有不同的呈现效果。

平铺直叙：

创作者在塑造反派人物的时候要去理解反派，反派也是人，也有闪光点，也有理想，也会成长，也有他们独特的人格魅力，你要站在上帝的角度，去公平地对待你笔下的每一个人。

金字塔式框架：

一个真正能理解反派的作者，才是最高段位的作者。理解反派，我们才能塑造出免于俗套的反派。

①反派也是在不断成长的。

②反派也有人性的闪光点。

③反派也有理想。

④反派有其独特的记忆点。

⑤反派也需要被理解。

通过对比，我们不难发现，利用金字塔式框架去写这篇文章，文章的条理性明显优于平铺直叙。

这种框架，也能快速地解决我们没有思路的问题，在实际运用中，尤其是在写工作汇报等方面，更加实用。

3.2 不同类型内容框架模板

通过对多篇爆文的分析，我总结出了许多实用的模板。有了这些内容框架模板，往往只需要往里面填充内容，就能生成一篇结构严谨、效果不错的文章。

模板的建立，也能为我们节省进行内容框架搭建的时间，对于新人来说，是能快速入门的一种手段。

本节将分享一些即学即用的内容框架模板，帮助大家快速入门。

3.2.1 根据文章类型划分

新媒体文章写作因其特有的自由度，继而衍生出了各种文章类型，不同文章类型，适用的框架也不同，下面我就最常用的几种文章类型进行详细解析。

1. 干货文

所谓的干货文是指能够给受众带来实际价值的、让受众有信息获得感的文章。

简单来说就是受众最需要什么，你就写什么。

受众需要简单有效省时间地减肥，你就告诉受众怎样简单有效省时间地减肥。

受众需要快速掌握高效率的学习方法，你就直接告诉受众怎样立刻就能提高学习效率。

框架模板：开篇强调干货价值 + 干货分点讲解 / 步骤 + 结语金句。

2. 故事文

故事文通常有着很好的受众基础，写这一类型文章，最重要的就是讲好故事。

故事文的框架也十分简单，你只需要在写之前，确定好自己这个故事的立意，而后进行框架搭建就可以了。

框架模板：期待点 / 看点 + 过程（起承转折）+ 价值交付 + 结果。

3. 评论分析文

一部电影、一本书、一段音乐，乃至生活里种种新闻事件都会引发各种各样的讨论，这种类型的文章，我们称之为评论分析文。

这种类型的文章关键点就在于分析解读，同时在解读时带给受众以新的启迪。

框架模板：作品介绍 + 核心观点 + 分论点解读 + 价值交付 + 总结。

4. 广告软文

简而言之，这种类型的文章就是营销广告，只是创作者通常会使用更易被受众群体接受的方式进行推广。

想要让这类文章达到最好的效果，其关键点在于深挖受众的价值需求。

比如你要通过一篇文章推广一个无人知晓品牌的洗衣粉，那就要在文章中写出受众一定要买这个品牌洗衣粉的理由。

框架模板：新鲜有趣的切入点+商品独特的价值（给受众一个购买的理由）+购买引导+利好（优惠券/打折）。

5. 情绪文

情绪文可以说是新媒体文章里受众最为广泛的一大类型了，原因很简单，只要是人，就会有情绪，不管好的坏的，都需要一种疏导发泄的方式。

情绪文的关键点在于抓住受众群体的情绪痛点，想清楚受众想要看的是什么，针对这个问题，你是简单地同他们一起进行情绪发泄，还是行之有效地帮助他们解决问题。

我们在构建框架模板的时候，就要将"痛点"和"情绪发泄"作为关键要素考虑进去。

框架模板：金句+情景案例+情绪发泄+解决方法。

3.2.2 根据逻辑结构类型划分

元代文学家陶宗仪在《南村辍耕录》里曾提到："作乐府亦有法，曰凤头、猪肚、豹尾六字是也。"

意思是作乐府诗，起要美丽，中要浩荡，结要响亮。这六字法亦适用于新媒体文章。

合适的框架模板，基本能解决我们结构混乱的问题，按照模板来，至少能学到个形似，要想形神兼备，那就得在内容上下功夫了。

前面我们说了不同的文章类型，这里就说一下文章的常用逻辑结构，如图 3-3 所示。

图 3-3　文章的常用逻辑结构

1. 总分总

总分总结构中"总"说的自然是总的观点或者论点，"分"则是对总论点进行的分条解析。

举个例子——

问题：学霸是怎样炼成的？

总论点：学霸懂得合理利用碎片化的时间，并懂得有效提升学习效率。

分论点①：学霸懂得合理利用碎片化时间。

分论点②：学霸懂得有效提升学习效率。

总论点：学会以上方法，你也能成为学霸。

这种总分总结构的模板相当简单，即总论+分论+全文总结。

2. 递进式

递进式的结构有点类似于我们前面所说的黄金圈法则，也就是包括是什么、为什么、怎么做三大要素。

与黄金圈法则不同的是，黄金圈法则可以对how、why、what进行调整，而递进式则需要逻辑上的不断递进，由表及里。

举个例子——

话题：记忆宫殿

what（是什么）：记忆宫殿是一个比喻，代表任何我们所熟悉的、能够想起来的地方。

why（为什么）：因为我们非常善于记忆我们所熟知的场所。

how（怎么办）：我们唯一需要做的就是对这种方法反复练习。

从这个例子里，我们能够明显看出递进的关系，继而由表象深挖出本质，进行分析解答。

框架模板：提出问题＋分析问题＋解决问题。

3. 对照式

对照式常被用在戏剧里，通过正反、真假、虚实等对比来加强戏剧的冲突效果，这种手法同样也适用于新媒体文章写作中。

例如，我在《东野圭吾〈白夜行〉：如果你没读懂唐泽雪穗的悲剧，说明你还年轻》这篇文章里，就使用了对照式的写法。

前半部分，我写了原生家庭才是导致唐泽雪穗悲剧的主要原因，并对这种原因进行了分析，但又以周杰伦原生家庭给他带来的性格影响作为对照，表达了唐泽雪穗走向不归路的不可取。

文章通过这种对比来表达我的核心观点——原生家庭固然会给人带来影响和阴影，但却不是踏上犯罪道路的理由。

对照式的写法能够清晰地表达出我们的核心观点，也是书评、影评类文章常用的手法。

对照式常用的框架模板为：现象＋问题＋反论／错误的行为＋正论／正确的做法。

4. 并列式

并列式是最简单的一种结构方式，常使用在各种集锦、盘点类的文章中，一般是简单地按顺序罗列。

并列式的结构还常使用在观点罗列、场景罗列等内容中，其优点是层次分明、主题突出，但需要注意的是，即便是并列式的结构，也要紧扣主题，不要偏离了文章的核心。

比如：为什么我们要学雷锋？

观点①：雷锋乐于助人的精神是中华民族的伟大传统。

观点②：雷锋乐于助人的精神是社会对正能量的传承。

观点③：雷锋乐于助人的精神可以增强社会凝聚力。

从例子中我们可以看出，并列式是一种横向的排列形式，每个观点之间具有平等性。这一点也是其同递进式的根本区别。

3.3 构建文章内容框架要注意的几个问题

我们在前两节详细地介绍了日常写作中常用到的文章框架，按照这些框架去构建，基本能够应付常见文章类型的写作。

或许有人会问："我照着模板就能写出好文章吗？"

这个问题我无法给你肯定的回答，但至少能肯定地告诉你，只要你做好了文章框架，那么你的文章基本就不会太差。

写作不是一蹴而就的，将这些模板熟练掌握并且灵活运用，才是我们学习模板的最终目的，同时我们在运用模板时，还要避开几个写作雷区。

3.3.1 写作的三大雷区

1. 逻辑混乱

文章框架就好比我们建造房子的承重墙，有了坚固稳定的基础之后，只需要在此基础上砌墙就可以了。

当我们往文章框架中填充内容的时候，最需要注意的是保持文章逻辑的连贯性。

就好比我们刚才举的例子：为什么我们要学习雷锋？

观点①：雷锋乐于助人的精神值得我们学习。

观点②：雷锋长得高大帅气。

观点③：老师都是这么教的。

通过这个例子我们能明显感觉到逻辑混乱的后果，逻辑混乱不但打乱了文章的结构，也会导致文章的主题偏离。

逻辑混乱是新人写作最常见的问题之一，其根本原因是没有做好选题，或者还不适应文章框架的使用方法。

2. 生搬硬套

有个写作者向我哭诉，说自己以前写东西从来不写大纲，都是想到哪里写到哪里，现在我突然让她写大纲、写框架，她发现自己不会写文了，还半开玩笑地说，是我"扼杀"了她的创造性。

我当时就告诉她，创造性跟写框架是没有什么因果关系的，不能说让你写框架就束缚了你的创造性，只能说你自始至终都不知道怎样去写一个完整的好故事。

构思能力，是一个创作者必备的基础能力，当我们掌握了这个能力，才算是真正地踏入了写作的大门。

还不适应的新人作者，面对文章框架模板就会感到很苦恼，不知道该怎样往里面填充内容，有时候为了完成作业，就会生搬硬套。

我们还是拿学习雷锋举例子。

问：为什么我们要学习雷锋？

观点①：雷锋小的时候家里很穷。

观点②：雷锋家里养了三头牛。

观点③：雷锋是吃小麦长大的。

我们可以从这个例子中看出，每一个观点都是强行胡乱地填塞到里面的，如果这么写，这篇文章即使使用再华丽的辞藻，也绝对不是一篇好文章。

我们在进行写作的时候，切记不要让文章脱离了主题，什么内容都往文章里填塞。

3. 结构混乱

结构混乱直接的结果就是从内容到骨架完全崩塌。

比如，我们原本想要使用总分总的框架，但写着写着，突然变成了并列式，然后又变成了递进式。

混乱的框架不但会打乱文章的稳定，还会让我们的逻辑出现不连贯，继而导致整篇文章阅读感不佳或者根本无法正常阅读。

结构混乱的根本原因，在于创作者没有把握住文章的主题，思路混乱。

3.3.2 写作的三个要点

除了以上三个雷区，我们还要记住构建框架的三个要点。

框架不只关乎形式，与我们的内容和主题也是息息相关的，主题确定在前，然后才是框架搭建，大家不要本末倒置。

1. 时刻围绕主题

设定文章框架时，我们要始终紧扣文章主题，框架如果偏离主题，写出来的文章就会不受控制，越来越散。

我们不妨用"方便面是不是垃圾食品"这个主题来举例。

正例——

第一层：什么是垃圾食品？

第二层：方便面都包含了哪些成分，是否有害？

第三层：方便面不是垃圾食品。

反例——

第一层：什么是垃圾食品？

第二层：哪些垃圾食品不能吃？

第三层：怎样选择好吃的方便面品牌？

通过正反两个例子的对比，我们明显能够看出，正向例子是紧扣"方便面是不是垃圾食品"这个主题的，而反向例子则偏出了主题，甚至不知道这三层到底要讲什么东西。

新人的文章常会出现脱离主题跑偏的情况，所以时刻围绕主题，要作为要点，时刻记在心上。

2. 思维要清晰

前面的几堂课，我们将写一篇文章所要做的准备，以及如何做选题细致地进行了分析，所以在设定文章框架的时候，我们就要结合选题去考量整个文章的布局。

要在选题的基础之上,去确立核心主题。通过这个主题,运用合适的模板构建文章框架。在这个框架里,运用我们收集的材料、案例……

事实上,我们在前面也将写作准备、选题和确定写作框架的步骤一一给大家分析了,相信大家经过学习,也都有了一个清晰的思路。

需要提醒的一点是,日常生活或者工作中,大家也要有意识地去培养自己这种严谨的思维习惯,有目的地学习,有条有理地处理生活中的琐事,这些都是让你受用无穷的好习惯。

我有个朋友,工作十分努力刻苦,别人是朝九晚五,他是朝五晚十,有时深夜 12 点还能看到他奋战在加班战线上。这样勤奋的员工按理说,应该很受领导欣赏,但奇怪的是单位的每一次升迁或者业绩评比,朋友都是被丢下或者垫底的那个。

我当时觉得很奇怪,就问朋友的领导这是为什么。

朋友的领导说:"他去年的工作到现在还没有完成,工作效率低到令人发指,所有工作都处理得一团糟。"

我哭笑不得。

说到底朋友工作效率低,就是在工作中没有一个清晰的思维引导,想到什么做什么,不会合理地规划工作,以至于任务越堆越多。就如同新人写作,想到哪里写到哪里,到最后也不知道自己到底写的是什么。

3.框架与各要素间要有机统一

一篇完整的文章，离不开选题、立意、标题、框架这些要素，所以我们在设定框架时，要充分考虑框架与各要素之间的关联性，务必做到紧密结合，统一完整。

我们常用"浑然一体"来形容一篇好文章，说的也正是文章的整体性，严谨的框架和匀整的布置，是不可缺少的基础。

有位年轻作者，每次写故事之前，都会认认真真地列大纲，大纲列得非常详细，但每每开始写正文的时候，内容就开始严重偏离大纲主题，写到最后整篇文章都崩坏得不像样子。

我觉得很奇怪，就问她为什么不按照大纲去写呢。

她说自己写着写着就把大纲抛到脑后了。

出现这种情况的写作者并不少见，说到底就是没有将大纲与其他要素完整结合起来，这也是写作中的一个大忌，不受约束太久，完全习惯了松散的写作方式了。

要想让框架和各要素达到和谐统一，其实有一个小的窍门，就是在设定好框架之后，对框架拆分去写。

就拿我们前面所说的"方便面到底是不是垃圾食品"这个例子来说，第一层观点是：什么才是垃圾食品？

那么在这一阶段，我们只须围绕着"什么才是垃圾食品"进行分析解答就可以了，在框架内进行分析，大大削弱了我们偏离主题的可能。

第4章 标题是文章的门面

4.1 好的标题具备哪些要素

取标题，尤其是取一个好标题是作者必备的一种能力。

我们不难发现，但凡成为爆款的作品，都会有一个极其吸睛的标题，这并不仅仅针对新媒体文章，亦包括文学作品、影视作品、广告，等等。

好的标题，不仅能清楚地表达文章的中心思想，还有快速吸引受众目光、提升点击率的作用。

那么，好的标题具备哪些要素呢？

4.1.1 简单明了接地气

读者每天都会接到大量的推送，想要在这些推送里吸引读者的注意，首先便是要用简单明了的文字标题，告诉读者我们写的是什么。

许多读者可能只有几分钟的空闲时间去阅读，如果我们的标题无法在第一时间吸引他们的注意力，那么后续这个读者再去打开的可能性几乎为零。

除此之外，我们的标题还要足够接地气，换句话说，就是将那些专业的知识用大众最能轻松理解的方式表达出来。

我有个学生，学的专业是营养学，然后她专门输出一些关于糖尿病患者如何饮食养生类的文章，有一段时间，她十分苦恼地来找我，说自己特别用心写的文章都没有人看。

我打开她的文章一看，全是一些专业术语。

我说："你写得太专业了，点进这篇文章的，必然是与糖尿病相关的读者，他们要的是你直接告诉他们怎样有效注意饮食，而不是看你分析这些东西的成分。"

那个学生思来想去，最后决定换种接地气的方式来写文章。

效果立竿见影，没几天，她就跑来跟我说自己的点击量翻了十几倍，一天时间就吸引了几百个粉丝的关注。

4.1.2 反映用户需求

如果我们在写一篇文章的时候，能够在读者不知道内容的情况下，通过标题直接地告诉读者我们的这篇文章要给他们带来什么帮助，就会大幅度地提升我们文章的打开率。

就拿我刚才的那个学生来说吧，她是专门写糖尿病患者如何饮食养生的，她直接以"糖尿病患者怎样吃得健康又营养？""糖尿病患者可以吃的几种'糖'"等给文章命名，文章的打开率能达到70%以上。

这种命名方式并不新鲜，甚至随处可见，但正是因为这种类型的文章定位精准，而标题又直截了当地切中了读者需求，所以几乎不用使用任何的技巧，就能达到吸引读者点击的效果。

我们在说选题时，已经针对用户需求提及了马斯洛需求层次理论，这个理论同样适用于写标题。

比如，我需要提高记忆力，但始终找不到快速又高效的记忆方法，假如这个时候，出现一篇这样的文章——《学会这10个记忆法则，你也能过目不忘！》，我一定会打开来看。

这种标题好就好在完全契合了我的心理需求，哪怕这种文章看了之后只能继续躺进收藏夹，但我依然会乐此不疲地点开阅读并收藏。

这就是契合用户需求的标题的魔力，也是最有效的吸引点击量的拟标题方式之一。

4.1.3 表达文章核心观点

有些作者，总喜欢起一些看起来很文艺，但不知所云的标题。

比如，有个作者是写情感文的，内容是一对男女因情感不和婚内出轨的事，然后标题叫《风吹过来的方向》。

我们单看这个标题的时候，完全看不懂作者要写什么，更不用说表达文章的内容核心了。

有这样一个标题，哪怕你内容写得再好，也不会有多少人点进来，而所有的数据里，点击量是基础，没有点击量，其他的数据也就无从谈起。

好的标题，要能清晰地表达出我们这篇文章的核心观点。我们这篇文章到底要写什么，我们要输出的观点是什么，都要通过标题来告诉受众。

我们随便找几个爆款文章的标题来感受一下，比如，《我们为什么要努力赚钱》《你觉得为时已晚的时候，恰恰是最早的时候》。

这样的标题，我们是不是看一眼就知道文章在表达什么了？

所以，清楚地表达文章核心观点也是好标题应具备的要素之一。

4.1.4　激发受众分享欲

新媒体写作，从某种方面来说，也叫关联性写作。我们要站在受众思维去考虑问题。

那么，想要让更多的受众看到我们的文章，既亮眼又能直击受众内心需求或者说痛点的标题，当然更具传播力。

在受众不知道内容的情况下，标题承担了巨大的责任，我们在取标题的时候，要让受众一眼看到就感觉这篇文章的内容对他们有用，同时还能满足他们的某种分享心理。

这么说可能有些难懂，通俗地说，就是给受众及潜在受众一个分享这篇文章的理由，这个理由可以满足受众的某种心理。

比如视觉志的《我就喜欢你看不惯我又干不掉我的样子》，这个标题看起来有点不客气，甚至有些挑衅色彩，但却能契合一部分人真实的心态。

生活里，每个人都离不开社交，你身边总会出现一些让你不舒坦的人，但很多时候，你又不好直接表明自己的不满。这篇文章恰恰给了你一个宣泄的窗口。文章里的内容很可能使你产生共鸣，这就构成了分享动机。一旦你朋友圈里的人看到这篇文章后也产生了共鸣，这篇文章就有可能形成广泛传播。

4.2 取一个好标题需要哪些技巧

"人靠衣装马靠鞍"，对于新媒体文章来说，标题就是人的衣装马的鞍。

许多被标题困扰的写作者，学来学去就是取不出好的标题来，归根究底是因为没有掌握取一个好标题的技巧。

通过整理，我将好标题分成了几大类。

4.2.1 深挖人性式标题

人性从来都是最值得探讨的话题，不管是人性的光辉还是人性的丑陋，都能轻易地抓住人们内心最深处的东西。

现实生活中的人们总会遇到种种困难或苦恼，然而很多时候，人们都需要在现实生活中维持着一些体面，所以网络成了人们宣泄情绪的"树洞"。

我们在进行标题分类时，发现许多技巧都是建立在对人性挖掘的基础之上的，如图4-1所示。

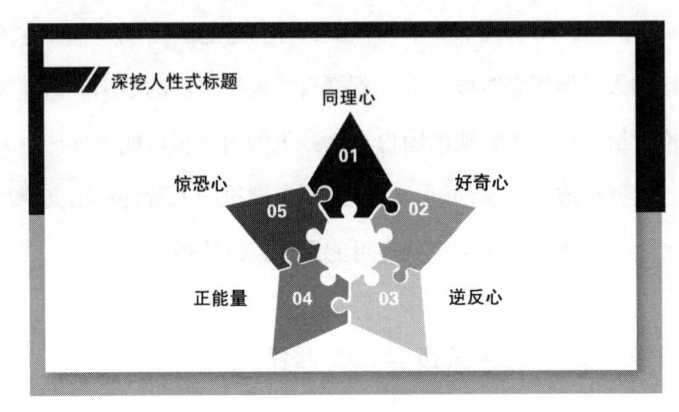

图 4-1　深挖人性式标题

1. 好奇心

好奇心是人性之本能，在取标题时，我们同样能利用这一点。

如何利用人们的好奇心来取个好标题呢？最为常见的方式是抓住一个点：我知道的事情很多人不知道。

比如《中国十大武林高手，第一个你绝对想不到》《明星经纪人大曝你不知道的行业内幕》等。

这类的标题，就是利用了人们的好奇心理，通过较为夸张的字眼和很多人不知道的事情来吸引受众的目光。

这种取标题的技巧，也是自媒体人最常用的技巧。

2. 逆反心

这类标题简单地说就是"你让我不要这么做，我就偏要这么做"，这种标题很容易激发受众的逆反心理，从而引起受众的阅读兴趣。

最为常见的类型如《这种蚕丝被千万不要买》《这几种蔬菜千万不要吃》《一定不要打开这篇文章，你会后悔的！》。

从心理学上说，好奇心也是逆反心的一种，除此之外，逆反心也跟人们的心理需求和对立情绪有关，是每个人都会产生的心理。

当我们的用户产生这种心理的时候，"千万不要""一定不能"这类的词汇显然比"一定要看"更能激起人们的点击欲望，这种反应也可以称为"逆反效应"。

不过这种方式有一个弊端，就是利用不好，会让受众产生强烈的排斥感，还会影响我们后续同类型的推文。

3. 正能量

人们在生活中离不开正能量，正能量代表着积极向上的动力和情感，可以鞭策人们向好向善。

正能量的标题更是随处可见，比如《泪目！所谓岁月静好，不过是他们负重前行》《加油，少年！写给重返校园的你》《我们为什么要爱国？》等。

这类标题，只是看一眼就能让人热血沸腾，令受众不由自主地点进来。

最好用的技巧是将正能量直接写在标题上，比如"加油""泪目""爱国"这些词，本身就自带正能量的光环，在众志成城的时期，这种光环还会被无限放大。

除此之外，一些关于宣扬社会温情的标题，比如我们前面说的那篇爆文《谢谢你爱我》，以及宣扬亲情的，比如《父爱如山》等，都是一种正能量的体现。

4. 惊恐心

每个人心里都有畏惧的东西，许多文章标题也紧紧地抓住这一点，将人们内心的恐惧和焦虑放大，就形成了"警戒式"标题。

这类标题说到底是抓到了人们的软肋和人性弱点，迫使人们打开这篇文章，寻找解决方案。

比如，《癌症距离我们有多近？》《宝宝出现这三种表现，妈妈就要当心了》《说过这些话的男人，并不是真的爱你》等。

生死是大事，第一个标题就是抓住了人们的怕死心理；第二个标题，是抓住了妈妈对宝宝的关心；第三个标题，则是抓住了女人对爱情的患得患失心理。

这类标题能够击中受众内心最深的恐惧，同时还迎合了一部分人的优越心理，可谓一箭双雕。

5. 同理心

记得有个大热综艺里，某位姐姐因缺乏同理心而被人负面评价，还上了热搜，一时间，同理心就成了那几日常被人提及的热门词汇。

在马斯洛需求层次里，有一类是尊重需求，即人们在社会中，是渴望被理解、被肯定、被共情的，抓到了受众的这个需求点，我们在给文章取标题时就可以直击他们的心灵，让他们立刻产生共鸣。

而写这一类的标题需要掌握的技巧是，以第一人称，也就是"我"的角度说出"我"想说的东西，比如《不是不想你，我只是不好意思打扰你》。

这一刻，我们不代表自己，而是代表着无数的受众，通过文章来吐露内心最真挚的情感，说出他们说不出的，抑或是他们心底将要被触动的点。

4.2.2 热词效应式标题

热点的形成与人的心理需求是息息相关的，当一个事件迎合了大多数人的需求时，热度会由点到面，引发大范围的讨论。

最直观的就是娱乐八卦了。

娱乐八卦是人们茶余饭后最津津乐道的话题。

所以在标题内嵌入热点词汇或事件名词就成了我们最常用的方法之一。

1. 事件效应

各大平台的热榜都处于时时更新的状态，每天都会有层出不穷的热点事件发生，我们将热点事件放在标题中，再引申出自己的论点，就能轻松达到追踪热点的目的。

热点事件，又分为时事热点事件和过往事件新谈。

时事热点事件很简单，一般紧跟热榜就足够了，比如2020

年发生的"贵州公交坠湖"事件，因赶上高考月，瞬间登上了热榜，引起无数网友的讨论。

大家在揪心的同时，也不由对人生产生了新的感悟，比如，《贵州公交坠湖21人遇难，最新进展曝光：我们总以为来日方长，却忘了世事无常》。

这篇推文就用了时事热点事件+文章论点的方式，推送后阅读量很快破了"10w+"。

过往事件新谈是指对过去的热点事件以新的角度再谈论，这类文章如果处理得当，也能获得很不错的流量。

比如，视觉志曾经推出一篇文章《马航MH370失踪这么久，她却一直等到今天》。

马航的事牵动了亿万人民的心，关于马航的消息，也轮番地登上热搜，成为热议事件。

视觉志的这篇文章，本质是一篇情感文，他们将"马航MH370"放在标题内，立刻就勾起了人们的记忆，从而推动文章迅速成为爆款。

2. 名人效应

人们对熟悉事物的接受时间远远短于对陌生事物的接受时间，这缘于人们内心的一种信任安全感。

从古到今，名人群体恰是最能让人产生信任感和安全感的一群人，比如请名人做代言等商业行为就是名人效应的一种体现。

因为对名人的崇拜，人们极容易产生盲目从众的心理，但也让名人们自带流量光环。

我们在取标题时加入名人姓名，相当于变相地利用名人的名头给文章内容做了背书，无形地增加了我们这篇文章的可信度和流量，从而获得不错的点击量。

比如，《周星驰 55 岁：我让全世界笑过，可岁月没有饶过我……》《马云正式"退休"，离开前，他给我们留下了 10 句人生真理》等。

当然，我们所说的名人不仅限于古今中外的名人，具有影响力的影视动漫人物乃至动物，都可以拿来使用，比如哪吒、敖丙，以及《疯狂动物城里》的朱迪、尼克，等等。

需要注意的一点是，不管什么类型的名人，我们在借用之时，这个形象都要与我们的论点内容相吻合，切忌生搬硬套。

3.身份效应

生活在这个社会里，每个人都有着各种各样的身份标签，诸如父母、学生、员工、码农、北漂、奶爸、农民工，等等。

不同的标签，代表不同的群体。

每每提及一个标签时，总能戳中那一部分人内心最深处的东西，生活百态，酸甜苦辣，都能被一个标签所囊括……

汪峰有一首脍炙人口的老歌《北京，北京》，这首歌让人们听到了那些想要在北京扎根的北漂们的心声，也触动了无数北漂们的内心。

北漂作为一个身份，进入了人们的视野，之后热播的诸如《北京爱情故事》等作品，也让这种身份效应变得更具影响力。

又如，《月入5万元的码农，抢了文科生的饭碗》《一位自责奶爸的忏悔：不能哄她入睡的207天》等。

我们在标题里直接添加身份热词，不但可以精准定位我们的受众，还能借着这个身份引一波流量，同时，也能让这部分受众产生强烈的认同感。

4.2.3 其他实用类标题

1. 数字式标题

研究证明，在文字中添加数字，是让人们一眼看到并记住的方式，因为数字具备的极高辨识度，数字给人的感觉也会更专业。

那么，我们怎样利用数字来让标题更加亮眼和有看点呢？

其一，利用数字对比来突显差异。

比如，《月薪3000元和月薪30000元的文案的差别》《2块钱一瓶的维生素C和98块钱的维C有什么区别？》。

这两个标题，都是充分利用了数字对比，一个是3000和30000，一个是2和98，利用大小数字来突显文章核心观点，简单易懂，清晰直观。

我们不妨通过这种方式来举例子，比如《年薪10万元和年薪100万元的人，生活有什么差别？》。

其二，利用数字悬念来引发阅读兴趣。

数字自带看点，用在标题上，会表现显得尤其突出。

我之前在专栏里写了一篇文章叫《新人作者必看的9个写作底层逻辑》，在这个标题里，我重点强调了9这个数字。

读者们看到这个标题，很有可能会想：到底是哪9个写作底层逻辑呢？当想要学习写作经验的读者产生这个好奇心时，就会下意识地点开这篇文章一探究竟。

这种类型的标题还有很多，比如《策划优质选题的五大技巧》《好的标题具备的三个要素》等。

其三，利用数字来体现文章的专业性。

这种类型的标题常出现在财经文章或者各种统计类的文章中，比如《为"5678"加个"实"》。这是《新民晚报》关于民营经济的一篇文章，单看标题我们其实摸不清作者要写什么内容，打开内容才知道这篇文章写的是关于税收、GDP的一些专业数据。

类似标题的文章比比皆是，我们也可以自己尝试着取个类似的标题，比如《追踪了783家创业公司5个月，分析了64.7万条数据，我们发现了10个有趣的现象》。

2. 盘点式标题

这类标题利用的是懒人思维，将许多有用的东西进行大盘点，读者看了这一篇文章，就能节省很多时间去寻找收集，这也是这类标题最吸引人的地方。

比如,《盘点那些让人眼前一亮的标题》《盘点 10 本最值得看的书籍》《盘点 10 部最耐人寻味的电影》等。

这种盘点式标题,还会应用到各个领域,每次都能获得很不错的点击率,可见大家对这种标题的接受度很高。

盘点式标题有一个常用的万能公式:数字 + 类型 / 各类技巧 + 优点 / 好处。

利用这类标题,我们能快速地写出许多类似的标题来,比如《盘点 2020 年度最能打动人心的 10 首歌曲》《大盘点:用对这 18 个文案技巧,让你的文章打开率提升 80%》等。

我们可以看出,盘点式标题与数字式标题有着密切的关系,这两类标题结合在一起使用,能够让我们的文章更加醒目、亮眼。

由此我们可以看出,盘点式标题具有极高的信息储量,能让读者花同样的时间获取更多的知识收益,这在无形中提升了读者对信息的获得感。

3. 干货式标题

互联网信息的爆炸,让用户每天都能看到海量的信息,然而用户的时间是有限的,想要从这些海量信息中提取到对他们最有用的信息,是一件十分耗时的事情。

这时候,干货式标题总是能最快地抓住用户的眼球,这类标题,也能够快速解决他们的问题,所以"快速""解决"就是用户们的最大需求。

我们的干货类文章，也要以此为基准。

干货式标题的公式十分简单：怎么做某事 + 好处。

这种类型的标题直观有效，直戳痛点，比如《我们怎样利用碎片化的时间提升学习效率》《如何逼自己做到真正的自律》《失眠的时候如何快速入睡》等。

通过标题，我们让用户知道，只要看了这篇文章，你就能解决困难，消除烦恼，当用户有这个需求时，就会毫不犹豫地点开我们的文章。

干货式标题在各大平台也是很受欢迎的，以干货输出为主的博主，能够快速获得用户的信任感。

4.3　怎样建立标题库

生活里我们要用到的素材和公式多到记不过来，对一个标题，常常会花费大量的时间和精力去思考，但还是会出现写出来的标题打开率很低的情况。

前面我们列举了许多的例子来总结标题类型，除一些实用的技巧和方法外，标题库的建立同样重要。

通过标题库，我们不但可以总结出一些实用的标题公式直接套用，还能培养出自己独特的取标题的能力。

那么，怎样建立有效好用的标题库呢？

4.3.1 素材寻找

不管是在选题素材库还是写作素材库的建立上，素材收集都是第一步。要将寻找素材当作时时刻刻都要做的事情，养成收纳整理的习惯。

1. 日常搜寻

爆文的标题一般都不会差，我们平时可以有目的地寻找爆文，以此收集一些爆文标题。

日常可以多看一些能够打动自己的或者立刻引起自己阅读兴趣的标题内容。

关注一些标题集锦或者盘点文章，这类文章也能帮助我们快速地充实标题库。

同时，我们还可以关注一些素材库网站，比如新榜等，这些网站都有较为全面的素材库为我们提供查询服务。

2. 善用各类搜索工具

当我们确定了写作方向之后，就可以根据我们的内容定位，打开一些搜索工具，输入我们要写的内容关键词。

通过搜索，我们可以找到排名靠前且吸引人的标题来寻找灵感，并记录下来。

或者，我们也可以通过各个信息平台，进行关键词搜索，比如我们要写减肥的相关内容，想要寻找类似的文章标题，就可以在公众号中搜索"减肥"，再根据阅读量进行排序，就能看到许多阅读量达到"10w+"的优秀文章。

这类文章标题起得往往都不错,我们可以顺手将这些标题收藏或者记录下来。

4.3.2 归纳整理

我们在进行标题收集的时候,一定要养成良好的整理习惯,不然我们收集的内容越来越多,标题就会越来越杂乱,无形中增加了我们寻找标题的时间成本。

每个人都有自己归纳整理的办法,我在这里也跟大家分享一下我的整理方法。

1. 使用具有搜索功能的储存工具

这个搜索功能,也就是各大平台都有的关键字搜索功能。

因为我们收集的内容很多,就算是分类再清晰,想要从海量的素材里找到自己想要的内容,也是一件很费时间的事情。

这个时候,搜索功能就十分关键实用了。

比如,知乎就有一个收藏夹的功能,我们可以将有用的帖子放入收藏夹,我们想要找其中一个帖子或者标题的时候,就不需要逐条去看,直接搜索就可以了。

2. 学会分类整理

我们日常收集的标题种类是很庞杂的,分类整理不但能让收集更具条理,也更方便我们寻找。

对于标题的素材,我们通常根据其类型进行划分,比如:

抱怨发泄型：《女孩不要太辛苦？你养我啊？》。

情感型：《我在朋友圈，偷偷爱过你》。

前后反差型：《"孩子那么小，你不能让着点吗？""不能"》。

还有许多其他类型，如惊喜优惠型、戏剧冲突型、大声咆哮型，等等。

我们根据不同的标题特性去分类，也有利于我们辨别不同类型标题的区别。

4.3.3 复盘输出

当我们建立了标题库之后，不能只是收集就结束了，还要不断地总结复盘，才能将这些知识变成我们自己的东西。

复盘输出的过程是我们不断自我提升的过程，也是素材再积累的过程。

1. 建立标题反馈机制

有同学着急地来求助于我，说："老师，我也想了很多的标题，但就是不知道哪个标题最好怎么办？"

这个解决办法很简单，就是建立一个简单的反馈机制。

说得通俗一点，就是你多找一些身边的朋友、同学，把取好的几个标题发给他们看，让他们选择最愿意打开的那个，被最多人选择的就是最优的。

如果有条件，比如有粉丝基础的写作者，还可以组建一个反馈群，通过实时反馈选择出最优质的标题。

2. 不断试错

成功从来都不是一蹴而就的，我们不间断地进行内容输出，才能不断地试错，这个方法虽然有些笨拙，却是综合提升写作水平的必经之路。

我在最初写作的时候，是很笨拙的，那时无人引导，跌跌撞撞地走了很多的弯路，唯一能坚持的就是日复一日地写，即使不出成绩也拼尽全力地写。现在想想，正是那些年的跌跌撞撞，才有了今天的成绩。

我始终相信，所有的努力都不会白费，总有一天，我们当初的坚持会大放异彩。

第 5 章 写出一篇爆款文章

5.1 怎样才能写出爆款文章

"爆款"是一个各行各业都经常提到的词。顾名思义,"爆款"是指最受欢迎的、受众认可度最高的、各项数据最优秀的、变现力最强的内容或产品。

新媒体的文章同样也有"爆款"考量,一篇爆文带来的不仅是名气的提升,粉丝量和收益也会跟着全方位增长,且具有可持续性。

成稿能力是爆文写作的基础,一篇文章构思是否严谨、文稿是否完整跟一个写作者的成稿能力有着至关重要的关系。

我遇到过许多写了一半觉得自己写得不好就放弃的写作者,这些写作者有个共同特点——有灵感了就开写,觉得不好就放弃,到最后竟然一篇完整的稿子都没有写出来。

什么是成稿呢?构架完整、用词准确、有头有尾,才能称之为一篇完整的文章,即成稿。

那么,到底怎样写出"爆款"呢?写作爆款文章具有哪些技巧呢?我们日常又怎样全方位地提升自己的写作能力呢?

这一节，我们就来详细地说一说。

5.1.1　写一个让人充满期待感的开篇

充满期待是读者阅读下去的第一动力。现在的网络平台，各种信息按秒在进行迭代更新，一次刷新，上一秒看到的内容可能就再也找不到了。

在这样的信息环境下，人心也变得较为浮躁，线上线下的娱乐方式层出不穷，生活工作也将时间切割得越来越琐碎，真正能够静下心来去阅读的人少之又少。

在这种大环境之下，文章的开篇就变得格外的关键了。

一篇文章，如果在开篇的时候无法吸引人们阅读下去，那么这篇文章再次被打开的概率几乎为零。

怎样才能让读者被我们的开篇一下抓住眼球呢？

前面在讲选题、标题的时候，我们已经介绍了许多常用方法，比如引发好奇心、留悬念等，这里我们深挖一下这些情绪背后最本质的东西。

在这之前，先说个小故事。

有一天，我朋友 7 岁的女儿跟我聊天说："我问你一个问题好不好？"

我说："好呀，什么问题呢？"

小朋友说："有一天，小明上学迷路了，于是他拦住一个长头发、穿着长裙子的路人问：'姐姐，××小学怎么走？'路人听了立刻骂了小明一顿,为什么呢?"

我还真是被问住了,这个问题,从头到尾也没有什么破绽吧?现在的小孩子问出的问题都这么难答了?

我不耻下问:"为什么呀?"

小朋友得意地说:"因为,那个路人是男扮女装啊,应该叫哥哥!"

我听了哭笑不得,后来,发现这个问题很值得深思。

我之所以觉得这个问题没有破绽,是因为我跟小明一样,看到/听到长头发、穿着长裙子的路人,第一反应就是这是个女孩子,所以才觉得小明的说法没有问题。

这明显是因为我的固有认知导致我的理解出现偏差。

再回到正题,情绪背后其实是我们的固有认知在作祟,我们的情绪波动的过程,便是我们的固有认知遭到挑衅的过程。

所以,想要吸引读者的目光,需要做到以下几点:

1. 迎合读者的固有认知

我之前在知乎上回答了一个问题:一个天资平平的人写作,若笔耕不辍 10 年,能得到什么好的结果吗?

读者对这个问题的预期可以分为三类。

第一类是认为笔耕不辍 10 年,肯定会有结果。

第二类是认为如果天资平平,就算写作 10 年,也不会有什么好的结果。

第三类是既不确定有结果,也不确定没结果。

在这个时候，我们的回答必定是只能迎合一部分人的，无法迎合全部人。这时候，我们只需针对要迎合的那部分人去下笔，巩固他们的认知，并在这个基础上提供更多的价值。

当看到这个问题的时候，我是没有受众定位这个概念的，因为我写作刚好满10年，通过这10年的写作，我也确实取得了一些成绩，所以在开篇的部分直接迎合了第一部分读者的认知，十分肯定地告诉他们：天资平平，笔耕不辍10年，你也可以成为稿费百万元的达人！

我在文章里分享了我这10年走过的弯路、遇到的挫折，和从吃不起饭的边缘人到稿费百万元的成长历程，并将自己总结的有效经验和陷进的误区进行了分享，引起了许多许多新人的共鸣。

这篇文章点击量很快破了10万次，还获得了8000次的点赞，我也因为这一篇文章收获了近万名的粉丝。

因为我们直接迎合了这部分读者的认知，这类文章就会被定性为他们"感兴趣"的一类，他们会好奇，到底是通过怎样的方式才成功的呢？

所以，好的开篇一定要学会迎合读者的固有认知来引起他们的阅读兴趣。

2.打破读者的固有认知

每个人都有自己的认知和原则，当人们的固有认知受到冲击时，就会产生情绪波动，这种情绪波动可以帮我们抓住读者的眼球。

比如，《真正决定人生高度的，不是勤奋，而是"懒人"思维》《我年薪 60 万元，浑身没有超过 100 元的衣服：存钱，才是顶级的自律》。

我们在写开篇的时候，就可以像这两个题目一样通过打破读者固有认知的方式来吸引读者的注意，借此向读者灌输一个新的概念，并赢得读者的认同。

再举个例子：高智商的人一定学习好吗？

从理论上来说，高智商基本等于学习好，符合这个观点的例子比比皆是。

但我们可以另辟蹊径，这样去写：高智商的人并不一定学习好！

为什么呢？我有个同学，智商、情商都很高，但他的学习成绩却很普通，因为他在上学的时候，沉迷于打游戏，把学业给荒废了，所以高智商的人并不一定学习就好。但是，高智商的人只要好好学习，那么他的学习成绩一定比低智商的人更好！

这就是通过打破读者固有认知来吸引读者的眼球，从而引起读者阅读兴趣的一种方式。

这种打破固有认知的方式，往往能在一众迎合读者认知的文章中脱颖而出，成功地吸引到读者的目光，比迎合读者固有认知的方式更优越，引起的期待感更强。

5.1.2 文章内容要引人入胜、新鲜有趣

内容部分才是一篇文章核心的部分,想要读者完整地阅读完这篇文章,内容要做到引人入胜、新鲜有趣。

有很多写作者不太明白,到底要怎样做才能让内容变得引人入胜、新鲜有趣,有的人为了追求文章的质量,过度注重辞藻的堆砌,反而会造成文章死板僵化,令读者失去阅读的乐趣。

快餐式的阅读方式,让人们越来越不想浪费脑力去思考那些晦涩难懂的东西,接地气的大白话、轻松愉悦的表达方式反而更能吸引人们阅读下去。要怎么做到这一点呢?

1. 学会调动读者情绪

调动读者情绪的方式有三种:

一是紧抓读者的痛点、痒点和厌点。

二是文字表达要真情流露。

三是情绪要有爆发点。

2. 要尽力地强化代入感

代入感是文字表现力的一部分,代入感越强,文字越能牵动人心,没有代入感的文字会显得干巴巴、味同嚼蜡,带动读者情绪的效果也会变得很差。

要想增加文章的代入感,最好用的技巧之一就是营造画面感。

怎样才能营造出画面感呢?

有两个小技巧：

（1）善用"我""你""我们"这些词汇

比如：

凌晨1点，你躺在床上精神饱满地猛戳着手机屏幕——又是熬夜的一天，理智的小人告诉你：不要再熬夜了，明天还要早起上班呢！

拖延的小人告诉你：再玩5分钟吧，5分钟后睡和现在睡没有任何区别呀！

（2）学会写情绪，适当地加入心理描写

比如：

半年前，同事问我借了500块钱，这个月我花销超支了，囊中实在有些羞涩，就问同事能不能把钱还我。

同事一脸的不开心说："不就是500块钱吗，谁还不起似的，你也太小气了！"

上上次借我的300块钱还没还呢，真讨厌！

3.把细节写到位

凡事细节决定成败，细节写得好，前面两点都会自然而然地实现。

我们在评判一个演员演戏好坏时，会格外注意考量这个演员表演的细节部分，一个动作、一个表情都是细节见真章。

读者们在阅读文章时，也多会被某一个细节所打动。

这个细节，有可能是一个情景的描写，一句恰到好处的转折，一个不经意间的小幽默。

比如：

只要足够努力，就能成为学霸？——这么想你就全错了。

每个班级里都有这么几个同学，视力拼到三四百度，娱乐活动全无，没日没夜埋在书堆，却永远都进不了年级前三。

真正的学霸是那个还在操场打篮球的少年。

我们通过细节的描写，比如视力拼到三四百度、没日没夜埋在书堆等细节来营造代入感和画面感，能够达到很好的表达效果。

细节描写也更能取信于读者，因为这些细节展现的场景，读者们也曾遇到过或者经历过，而读者们对熟悉的场景通常会有莫名的亲切感，从而产生阅读兴趣。

5.1.3　写一个引人分享的结尾

虎头蛇尾一直是写文章的大忌，优秀的结尾不但能对全文做一个总结，还能激发读者的分享欲。

分享的次数决定一篇文章能否数据爆炸，分享的人越多，这篇文章被看到的次数就越多，数据也将以 N 次方的形式进行裂变，最后形成爆款文章。

1. 金句结尾

金句是对全文内容精华的总结，有升华主题、画龙点睛的妙用。

我们经过统计发现，很多读者在看完一整篇文章后能记住的可能只有那么几句话，读者在进行转发的时候，大多喜欢附上一句他们认为比较有内涵、有格调或者发人深省的句子来进行分享。这个时候，我们加粗加黑的那句金句也是被提及次数最多的。

所以，金句所具有的作用，不仅仅是让读者印象深刻，还能吸引潜在读者、表达核心主题。

金句可以是我们对生活感悟的总结，也可以是名人名言，读起来要精练深刻，朗朗上口。

比如，许多文章都喜欢用王尔德的那句话作为金句结尾——生活在阴沟里，依然有仰望星空的权利。

2. 引发共鸣

一篇爆文字数也就在 2000 字左右，要想在这个字数范围内完成一篇爆文，首先要做到的就是引发共鸣。

我们通常在文章一开始就进行情绪渲染，到结尾的时候将这种情绪引向最高潮，从而让读者产生"立刻转发"的心理。

引发共鸣也是提升转发量的重要方式之一。

比如，视觉志的作者楠瓜在《朋友圈最真实的偷拍照：这世上除了生死，都是小事》这篇文章中有一句话是这样写的：

我一直以为爱的反义词是不爱
直到现在我才明白
爱的反义词是遗忘

3. 引发讨论

我们在写文章时,要考虑一下文章的争论点,比如前面提及的、每年都会出现的争论话题:咸粽子好吃还是甜粽子好吃?

每个人的口味是不同的,甜咸之争必然会引起两队网友的疯狂讨论。

我们在文章的结尾,可以有意识地抛出争议点或讨论点,引发读者们的议论。

有争议、有话题就有流量,争论得越多我们的文章也就越火爆。

5.2 怎样提高文章的写作水平

写文章不难,难的是脑子空空,不知道该怎样下笔去写。

新媒体文章的文体要求相对宽松,是没有传统文章那般刻板考究的,相比于传统文章,风格更加轻松接地气,也更具亲和力。

同样,新媒体文章中也有许多文采斐然的,不以偏激、极端的词汇来取胜,而是靠着文章的深度和质量吸引粉丝的精品文章,所以,坚实的写作水平才是作者应该追求的。

那么，怎样才能有效地提高文章的写作水平呢？

5.2.1 词句的有效积累

文章是由一字一句组成的，丰富的词汇量、多变的句法结构，会让文章更加摇曳多姿。积累词汇量和打磨句子非常关键。

这种积累和打磨是持续的、不间断的，当我们有了好的文笔，那么一些平庸的素材，都有可能被我们写一篇精彩的文章。

1. 积累词汇量

词汇量的积累是每一个写作者进行创作的基石。

写作新人经常会碰到"无词可用"的尴尬情况，说到底是因为词汇量的积累不够，而词汇量的积累，又离不开源源不断的阅读和记忆，只有让每一个字词都烂熟于心，我们才能出口成章，不受约束。

词汇量的积累是没有任何捷径的，想要高效积累，以下四步必不可少——

多看：养成每天阅读的好习惯，阅读不限题材、类型、方式，看多了自然就积累起来了。

多听：现在出现了各种听书软件，我们在坐地铁、公交的时候，都可以利用听书软件来进行知识和词汇的积累。

多说：平时我们可以把听到和看到的内容当成故事对身边人进行转述，一来可以做知识的再分享，二来可以加深我们对知识和词汇的记忆。

多写：将我们所听到、看到、说到的写下来，进行知识复盘，加深记忆的同时，还能强化词汇使用的熟练度。

2. 打磨句子

不管是写文章还是写小说，最忌讳的是一大段一大段的叙述，不但不美观，也无法引起读者的阅读兴趣。

要想优化阅读体验，必须注意对句子的打磨。

（1）长短句合理搭配

不同平台的读者阅读习惯也有所不同，像图文类的公众号，多喜欢用短句来降低读者的阅读难度，而头条号文章则更喜欢看起来较为正式和专业的长句。

所以，我们在写文章时，要根据不同的平台风格来调整写作的方式。

（2）让句子看起来更具画面感

举个例子：

- 他很颓废，草草地吃了早饭。

- 他醉了一夜，醒来的时候整张脸都浮肿起来，看起来颓废又狼狈……他慢吞吞地进了厨房，取出昨晚的剩菜剩饭，草草地把早饭对付了。

从例子的对比中我们可以看出，细节化、场景化的句子更容易制造画面感和代入感。

3. 让句子看起来更有趣

平淡无奇的叙述已经让读者审美疲劳了，要想让句子更有吸引力，我们就得在表述方式上进行优化，让读者有种耳目一新的感觉。

（1）善用反转

举例：年轻的时候千万不要因为没钱而绝望，你要知道，以后没钱的日子还很多。

（2）学会夸张

举例：一个西瓜装满车，压得地球抖三抖。

（3）学会调侃

举例：女生之间就不要互耍心机了，反正以后都是要一起跳广场舞的。

（4）适当押韵

举例：三月不减肥，六月徒伤悲。

（5）新奇表述

举例：

原句：你说得太对了太好了！

新奇表述：好优美的中国话，出书吗？

5.2.2　文章节奏的有效把控

写作新人最常问我一个问题：老师，到底什么是节奏？

人人都知道写文章要注意节奏，写小说要注意节奏，可节奏到底是什么又没有几个人能说清楚，反而让这个说法变得很晦涩难懂。

之前我在写作课堂上讲写小说怎么去掌控节奏的时候，提出过一个串珠子的概念，把小说的创作比喻成一个串珠子的过程，大事件是大珠子，小事件是小珠子，我们的故事节奏就是大小珠子的排列方式。

文章其实是一个要点接着一个要点不断抛出的过程，而我们的大标题小标题就是我说的大珠子小珠子，每个小节都是以这个珠子作为核心点来进行扩写的。

1. 长短句的节奏感

学过音乐的人应该知道，2/4 拍和 4/4 拍相比，4/4 拍更轻快、更紧凑，而 2/4 拍更舒缓、更柔和。

文章的长短句则恰好相反。

长句绵长舒缓，短句则轻快灵活。

拿我在《怎么塑造反派》这篇文章中提到的一句话来举例：

创作人物，你要站在上帝的角度去公平对待笔下的每一个人物，理解正派人物的同时，也要对反派人物充分理解。

我们用短句来写这句话：

创作人物，

要站在上帝的角度，

公平对待笔下人物，

理解正派，

也要理解反派。

通过这个例子我们可以看出，同样含义的一句话，因为句子的长短变化，节奏似乎也跟着发生了变化。

2. 大小标题的节奏感

阅读本书的读者可以发现，在本书中，我用了许多的大小标题，并对大小观点进行分类讲解，一个大节里分了几个小节，每个小节里又包含了几个重点，都是清清楚楚、明明白白的。

我们举个简单的例子：吃山药。

第一步：买山药

早晨，我跟妈妈说：“妈妈，我想吃山药。”

妈妈立刻去超市买山药了。

今天的山药又大又新鲜，妈妈买了一箩筐。

第二步：蒸山药

妈妈将山药洗干净，整整齐齐地码放在蒸笼上。

不一会儿，山药的香气就弥漫了出来。

第三步：吃山药

山药蒸好了。

我剥好了山药，蘸了蘸白糖，迫不及待地咬了一大口。

香甜的味道弥漫味蕾。

这个例子看起来内容有些简单，但大家可以很清楚地感受到它的节奏感。

买、蒸、吃三个小事件，不间断地串在一起，就有了我们所说的节奏感。

3. 音律上的节奏感

在我们所说的节奏感里，音律上的节奏感是最容易被忽略的，平时写起来可能感觉不到，但朗读起来，音律和谐的文章就会更加朗朗上口，阅读感十分舒适。

最为典型的就是诗词歌赋，读起来确有回味无穷之感。

想要提升这种音律上的节奏感，可以从两个方面着手。

（1）朗读

经常地进行朗读，不管是诗词歌赋还是一些音律方面的书籍，对于我们的语感提升都有着很好的帮助。

这种提升是潜移默化的，也是需要不断积淀的，需要持之以恒地练习。

（2）平仄结构

平是指平直，仄是指曲折，说的正是诗词歌赋或者文章中的格律，其最大的特点就是平平仄仄不断地变化反复，重复交替地出现。

这种节奏的把握也是建立在知识储备及语感沉淀的基础之上的，需要大家多多地读书学习。

5.2.3　写作能力的全面提升

写作是一种能力，文字没有好坏，文章却有好坏。

我们提起新媒体文章会强调文章要接地气，要亲近读者，要通过文字来与读者互动，但接地气不等于质量差，其中的差别大家要做好区分。

我总结了几个综合提升写作能力的小方法，在这里给大家分享一下。

1. 保持敏感好奇心

英国作家史迈尔曾说："对微小事物的仔细观察，就是事业、艺术、科学及生命各方面的成功秘诀。"

对于一个创作者来说，有几种能力是必须具备的。

（1）对微小事物细心观察的能力

好的写作者，必然能发现寻常人发现不了的细节，就好比大家同样是坐地铁，有的人只是觉得地铁拥挤，让人心烦气躁，而有的人却能将这个过程写成一个段子。

细心观察的能力是可以培养的，它是写作者必须具备的一种能力。

（2）保持天性中的敏感童真

好的写作者内心都是纤细敏感的，因为这种敏感，他才能将所见所闻以触动心灵的方式描绘出来，也是因为这种敏感，他写出来的文字才有了感情。

同时，写作者还要保持着内心的一份童真，只有内心纯净，才能通透纯粹地去看待这个世界。

2. 培养自己的共情能力

即便人类的悲欢并不相通，但写作者还是要尽可能地拥有共情能力，用心去感受身边人的喜怒哀乐，真正地去理解他们的行为和心情。

（1）用心分析读者的需求和喜好

我们首先要了解读者为什么会打开一篇文章，他们想要从这篇文章中得到什么，他们的需求是什么。

比如我的一个朋友喜欢篮球，在他日常浏览的文章中，占据最大比例的就是篮球的相关内容，我为了拉近跟他的关系，也会有意无意地去了解篮球的相关知识。

因为篮球，我们迅速有了共同话题，关系也变得十分友好。

我们对于读者也是如此，投其所好才能迅速得到读者的信任，与之建立起更加亲近的关系。

（2）将读者的需求和喜好进行罗列

当我们找到读者的需求和喜好时，要认真地记录下来，通过类型划分总结出读者类型，比如有的读者喜欢篮球，有的读者喜欢足球，有的读者喜欢看故事文，有的读者又喜欢看干货文……

类型的划分不但方便我们去了解读者、分析读者，而且能帮助我们在写文章时快速找到受众群体，通过文章来给不同类型的读者"对症下药"。

（3）给读者一个释放的渠道

我们充分地了解我们的读者后,要将我们的文章当作一个载体,来跟读者进行精神上的沟通和交流,以此达到跟读者共情的目的。

共情是感同身受,是一种心灵和情感上的共通。

当我们能够与读者共情时,我们的写作能力也将会有一个质的飞跃。

3. 写作能力的提升技巧

我总结了许多可以提升写作能力的小技巧,这里也分享给大家。

（1）互补法

· 情绪互补法

情绪互补法的意思是我们在进行情绪描述的时候,不要直白地对情绪进行描写,而是要去找它的反面情绪来与正面情绪进行互补。

举个例子——

直白式写法：

她哭了,哭得惊天动地,姥姥去世,她没能见到姥姥最后一面。

互补式写法：

她呆怔怔地坐在原地,直到同事拍了下她的肩膀提醒："车来了,一个人发什么呆呢?"

她勉强地扯起嘴角,露出个苍白的笑来,眼底却氤氲着一抹水光。

姥姥去世了,可她没能见姥姥最后一面。

- 动静互补法

用动衬托静,用静衬托动。

举例——

直白式写法:

他抱着头,一动也不动,像个死人。

互补式写法:

下班高峰,地铁里挤满了躁动不安的人群,巨大的声浪,像是轰动的马达,将他淹没。

他缩在角落,一动也不动,像个透明人。

- 明暗互补法

用阴暗去写光明,用光明去写阴暗。

举例——杀人狂魔的出场。

直白式写法:

他手里拎着把带血的刀,神情阴鸷地走了过来,一张脸狰狞而扭曲。

互补式写法：

他最喜欢白色。球鞋是白的，手套是白的，西装也是白的。他双腿并拢，端正地坐在公园的长椅上，安安静静地等待着目标出现。

（2）色彩涂抹法

我们在日常写作时，要善于运用表现色彩的文字，它不但能强化读者的代入感和画面感，还能让文字变得更加鲜活。

比如，鲁迅在《少年闰土》里开头的那句："深蓝的天空中挂着一轮金黄的圆月，下面是海边的沙地，都种着一望无际的碧绿的西瓜。"

比如朱自清的《春》："桃树、杏树、梨树，你不让我，我不让你，都开满了花赶趟儿。红的像火，粉的像霞，白的像雪。"

我们从例子当中可以看到很多的色彩，比如深蓝、金黄、碧绿、红的、粉的、白的……通过这些表现色彩的文字，我们能够快速地在脑海中对情景成像，这就是色彩涂抹法的魅力。

5.2.4 素材库的积累与应用

写作是一个源源不断输出的过程，然而不断输出的基础是持续不断地输入，所以，素材库的积累与应用对于写作者来说极其重要。

许多写作者经常问我这样的问题：老师，到底要怎样建立自己的素材库？

也有的写作者收集了一段时间的素材就没了兴趣，转头将其丢到了角落里，再也想不起来使用，因此一直无法形成自己的素材库。

那么怎样正确有效地进行素材积累，又怎样将这些素材融会贯通，变成我们自己的知识呢？

下面我将我自己的方法详细地分享给大家。

在讲素材积累之前，我希望写作者先做好三个准备：

1. 心理准备

积累是需要持续不断、持之以恒的，如果三天打鱼两天晒网，那么不管用什么样的方法都不会有效，所以，要想建立完善的、属于自己的素材库，就要做好长期坚持、将素材积累变成行为习惯的心理准备。

有人说："老师，我知道要做这个心理准备啊，可我就是坚持不下去呢。"

对于这个问题，我没有更好的答案告诉你们。

做任何事，坚持都是基础，你又想锻炼自己的写作能力，又想通过写作来实现财务自由，我把方法技巧都告诉你了，但你就是不去做，就算神仙来了也帮不了你。

如果你非要我一个回答，那我只能说："坚持不了也得坚持。"

写作只有两条路可以走，要么坚持，要么放弃。

放弃从来简单，十个人里八九个人都会这么做，但选择坚持的那个，才是有可能成功的那个，毕竟"三分天注定，七分靠打拼"，这世上从来没有随随便便就能成功的。

2. 工具准备

素材积累首先要有工具，不管是线上还是线下，都需要存储工具。

线下工具很简单：笔记本、笔。

操作方法也很简单：多听、多看、多想、多记。

线上工具一般会选择一个具备分类和搜索功能的记事本 App。

许多的 App 都具备这些功能，比如知乎的收藏夹、微信的收藏功能，还有一些做思维导图的工具，比如 XMind、思维导图 App，等等，选择自己喜欢的就好，或者在多个渠道、多个平台进行收藏。

操作方法：

根据需要，建立不同的分类文件夹，将收集来的资料整理保存。

许多写作者之所以素材收集不成系统，最大的问题就是资料零碎，不能在使用的时候快速搜索到，这无形中也降低了对素材收集的积极性。

具有搜索功能的记事本不但有利于我们后续查找资料，也能提升我们收集资料的乐趣，所以我认为建立完善的素材库，搜索功能十分必要。

3. 渠道准备

素材的积累离不开持续不断的知识输入，我们接触的获取新知识的渠道越多，积累的素材就越丰富。

不管线上还是线下，渠道都是多样的。

线上：互联网的发展让各种各样的 App 如同雨后春笋般涌现出来，很多 App 不但具备极好的阅读体验，也能节省我们搜寻信息花费的时间。

至于怎样选择线上收集渠道，我更倾向于大家根据自己的兴趣爱好进行选择，如果是你不喜欢、不感兴趣的，就算让你硬着头皮去使用，也起不到好的效果。

线下：书籍的内容、生活工作中的所见所闻、每天对生活的感悟和体验，都是线下获取素材的重要渠道。

5.2.5 素材积累的三大技巧

1. 随时收藏

我在写作课上给同学们讲怎样积累素材时曾提到，灵感具有随机性，需要我们养成随时记录的习惯，一旦错过，可能就再也想不起来了。

同样，素材的出现也具有随机性，需要我们养成随时收藏的习惯，不然那些素材很有可能彻底消失在信息海洋里，再找不见了。

因素材出现的不规律性和随机性，我们随时都可能会碰到值得收藏的资料,好在现在的很多 App 都有一键收藏这个功能,比如微信收藏、知乎文件夹等,后续只需要在搜索栏搜索关键词,就能快捷方便地找到我们所需要的资料了。

我们在输入关键词时也有以下两个小技巧:

(1)不同叫法的关键词

比如,我们在一个医学科普类的大 V 的自媒体平台上搜索"拉肚子该吃什么药"这个问题时,有时搜索"拉肚子"就可以快速地找到答案了,但有些时候"拉肚子"这个关键词搜索出来的结果是"未搜索到任何结果"。

这个时候我们不妨换一下关键词,比如"腹泻""腹痛""上吐下泻"这种意思相近的词,或许能轻松地找到答案。

(2)不同组合的关键词

对于特定内容的搜索,我们要注意关键词的组合方式。

比如,我们要搜索屠呦呦的研究成果,如果只搜索"屠呦呦"可能无法精准地搜索到结果,这个时候我们不妨搜索"屠呦呦科研成果"来进行精确查找。

关键词的搜索是多维度的、无限制的,可以进行关键词的多种组合尝试,只要能够搜索到我们想要的内容即可,没有具体的格式要求。

2. 养成记录习惯

有句俗语叫"好记性不如烂笔头",意思是说你有再好的记忆力也不如用笔记下来。

现在许多人是没有拿纸笔记录的习惯的,一来不太方便,二来可能随手记完就丢了,不便于记忆整理。那怎么办呢?

我们每个人的手机上都有备忘录这个功能,我们可以将这个备忘录当成记事本来使用,不但不会遗失,还方便后续进行整理。

同时,我们也要将记录变成一种习惯,习惯持续久了不知不觉就有了储备丰富的素材库。

记录也有两个小技巧:

(1)记录最精华的部分

我们看到一篇文章、一部电影或者一段新闻,全部记下来显然不太可能,这个时候就要学会提取这个内容里最精华也最打动你的部分。

这部分有可能是一段台词、一个故事片段,抑或是一个新闻转折,只要是能让我们觉得好的,都可以记录。

(2)记录一闪而过的灵感和感悟

我们愤怒、感动、深思时,都会萌生很多的想法,这些想法多是一闪而过,或者特定的心境之下才会出现的,随时记下当下最深的感触,过了这个时间点这种感觉便会淡化掉。

3. 善于分享

我以前看到有趣的新闻或者故事,特别喜欢讲给身边人听,时间长了我发现讲过的这些内容记忆会更加深刻,而那些被我收藏在文件夹里的内容反而没有给我留下什么印象。

分享的过程也是我们加深记忆、不断复盘的过程。这种分享，不是干巴巴地照着内容念出来，而是你经过组合，用自己的语言讲出来。分享主要有两种形式：

（1）通过说的方式分享

眼睛看到、耳朵听到的信息在大脑里进行重组，再通过嘴巴说出来，这是一个材料融合再加工的过程，相当于我们对这个信息进行了三次处理——听进去，想一想，说出来。

这个过程，就是我们对这个信息不断强化理解和记忆的过程。

（2）通过写的方式分享

写跟说有着异曲同工之妙，但这其中也存在着细微的差别。

写下来是记笔记的过程，我们将信息重组并且记录，这就成了我们的素材，以后也可以通过反复翻阅查看来加深记忆，这就又回到了我们刚才说的第二个技巧——"养成记录习惯"了。

5.2.6　素材温习的三大要点

1. 多翻阅

许多同学心血来潮时有模有样地建了素材库，前面步骤都做得挺好，素材积累完了就丢到一边了。我们的记忆力是不断减退的，如果不能通过复习去加深对于素材的记忆，可能我们很快就把这个内容给忘掉了。

多翻阅不是要求大家将这些信息全都记下来，而是在不断复习中加深熟悉度。

有人说:"我坚持不住啊,复习太痛苦了。"

针对这种情况,我也总结了几个小技巧:

(1)去看你最感兴趣的内容

前面我们就说过,我们收集时本来就是偏向于自己感兴趣的领域,那么在进行重复翻阅时,我们也可以挑拣自己最喜欢的内容进行翻阅。

我做过调查,当一个人去看自己特别感兴趣的内容时,他会下意识地催促大脑去记忆,所以我极其赞成大家收集自己感兴趣的东西,并将其发展成为一个爱好。

(2)尝试着做个思维导图

有一段时间我在阅读一本管理学的书籍,跟大多数人一样,我看完就忘记了,想要再捡起来用的时候,只能去重复地翻资料,大大增加了劳动量。但那段时间又很需要这个知识,所以我第二次翻阅的时候,就对这本书做了一个详细的思维导图,效果出乎意料的好。思维导图可以帮助我们对重点进行标记罗列,找出最核心的要点,还能通过图像的方式加深记忆。

可能第二次我还是记不住这些要点,但当我需要其中的知识时,只需要去看一看思维导图,立刻就能找到自己想要的重点。

(3)利用兴趣进行记忆强化

写作新人常问我:"老师,我们写小说的,要怎样去记住那些知识啊?"

我是很理解他们的，我也是从一无所知的新人成长起来的，磕磕绊绊地写了很多年，过去也经常会犯一些常识性的错误。

有的作者是写古代小说的，必然会用到一些关于古代的知识点，比如马桶在古代叫什么，吃饭怎么说，睡觉怎么讲……

单单让你去看人文历史资料或者素材知识点，你可能会觉得极其枯燥无味，但你又很喜欢写相关内容，那怎么办呢？

最好的办法就是你不断地去写这些知识点相关的内容，并通过素材搜索将相关内容运用进去，从而强化自己的记忆，这便节省了不断温习的时间。

2. 多联想

写作者要刻意培养自己的联想能力，比如，我们想到冬天，就要能想起关于冬天的诗句、歌词等。

尝试去联想的过程也是一个让想象力飞翔的过程，也是许多精彩脑洞不断被激发的过程。

（1）万物互联

我说的万物互联不是智能化时代的万物互联，但意思上却大致相同，就是我们想到一条狗，脑海里就立刻涌现出许多关于狗的素材来。

这就是对我们素材内容的追溯。

作为一个写作者，想象力是基础，每天都可以拿出点时间来，进行一次天马行空的想象，这种想象不是胡思乱想，而是通过一个事物，对我们过往收集的内容进行温习，或者激发出自己新的想法和灵感来。

（2）放大脑洞

每个作家都是白日梦想家，许多的作品和文章也都是一个脑洞接着一个脑洞不停迸发出的灵感的集结。

放大脑洞也是一个开拓想象力、温习素材的过程。

为什么这么说呢？

我有个朋友很喜欢记录自己的梦境，各种光怪陆离的梦只要他能记住的都要记下来，之后他没什么灵感的时候，就会去翻自己的这本"梦境回忆录"，他的许多作品也都是基于他的这些梦境来进行放大、创作的，是不是还挺有意思？

3. 多搜索

有一段时间，我对古代各时辰的叫法怎么也记不住，也尝试着背过，但背完几天就又忘了。那之后，我就放弃了记忆，而是选择在每次要用到这个知识点的时候，就去素材库搜一搜。

在没有刻意记忆的情况下，通过一遍遍的搜索倒也记了下来，大概这也是一种"熟能生巧"。

搜索是一个习惯，就像有的人碰到问题，总是会问个为什么一样。

这里，我要说几个注意事项：

（1）心态上要不厌其烦

一遍遍地搜索是个重复率很高的过程，有些人觉得麻烦，就干脆放弃搜索了，这对于一个写作者来说，并不是个好习惯。

求知的过程，本来就需要不厌其烦的心态，只有不断地去问为什么，我们才能知道得越来越多。

（2）工具上要具备同步性

我们的素材通常是整理到电脑上的，但有时突然着急用到素材库，可电脑又不在手边，该怎么办？

这就要求我们在建立素材库的时候，留意我们所用的 App 是否具备手机版，并且是否具有电脑与手机同步的功能。

（3）实践上要身体力行

积累从来不是一蹴而就的，想要充实自己的知识储备，只想不做是肯定不行的。知识是无穷尽的，我们没有办法全部记住，但我们却有办法通过搜索来得到答案。这就需要我们想到做到，而不是只想不做。

第6章 写作变现全攻略

6.1 常用写作变现方式

前面的章节我们系统地讲解了一篇文章是怎么从无到有再到成稿的,有了稿件后大家最期待的就是变现了。

通过写作获得高收入是每一个写作者的梦想,试想,不用朝九晚五,不用起早贪黑,也不用考虑人情世故、职场争斗,只要有一台电脑,找个地方坐下来写一写,就能赚取高额稿费,确实是一件很爽的事情。

而事实上,真正能够做到写作持续变现的人却总是少数,只有掌握正确的写作方法并且持之以恒坚持下去的人,才有可能通过写作持续变现,走向人生巅峰。

本节,我们重点说一说写作变现都有哪些方式。

1. 投稿

对于新人来说,投稿是写作变现的第一步,也是快速获得稿费最常用的方式之一。

现在投稿的渠道有很多,比如向微信公众号、头条号及报纸、杂志投稿等。

微信公众号一般具有过稿快、门槛低、题材多样、需求量大等特点，但由于公众号质量良莠不齐，常有骗稿、拖欠稿费的现象。大家投稿的时候，一定要先调查再决定，睁大眼睛，好好甄别，免得上当受骗。

除了一些新媒体平台，我们还可以向一些杂志社、报社等投稿。互联网的发展，让纸质报刊这种形式开始没落，但这些平台并不是消失了，而是通过转型，以新媒体的形式继续存在。

2. 平台打赏

现在许多的平台都开通了打赏功能，比如微博、公众号、知乎、今日头条、百家号……

当读者看了文章觉得很不错时，会主动地对文章进行打赏，但收益因人而异，打赏金额也不尽相同，因此打赏不能作为主要的变现来源。

3. 文章订阅

文章订阅是需要一定的粉丝基础的，拿公众号来举例，一篇文章会有一部分免费，再想继续往下看，就需要读者付费订阅，价格一般是1元起步，订阅人数跟我们的账号粉丝数成正比。

文章订阅的形式同样见于知乎盐选（知乎推出的会员服务体系），想要阅读全文时，需要开通会员或者进行订阅。

这种方式最大的好处是，只要你有粉丝，写得足够有吸引力，就能吸引来订阅的读者，不需要到处进行投稿，还能经营属于自己的账号。

但同时弊端也十分明显，许多人面临着没有粉丝，或者打开率、订阅率较低的情况。

4. 成为签约作者

跟平台签约，成为签约作者，意味着你已经具备了一定的资历和成绩了。这个时候你已经度过了最艰难的到处投稿找门路的阶段，开始步入了写作变现的正轨。

签约作者在获得流量分成的基础之上，还可以获得一些保底收入。

5. 付费咨询

付费咨询也是将自己的知识变现的一种形式。当你的专业和特长得到用户的认可，并且确实有帮他们解决问题的能力的时候，就可以有偿地提供一些咨询服务，比如知乎就有付费咨询的窗口，只是开通这个功能需要你的知乎盐值达到500以上。

当然，付费咨询不必拘泥于平台的渠道，通过聊天，我们也可以跟用户进行私下交易。但需要注意的是，我们所提供的服务要让用户有很强的获得感，认为物超所值，这样才有利于我们培养口碑，形成口碑效应，源源不断地吸引到更多的用户付费咨询。

6. 打广告

有流量就有了变现的基础。当我们积累了一些粉丝，或者是有了数据比较好的代表作之后，我们很快就能吸引到一些相关的品牌商或者是企业客户来找我们做广告，写一些软文或者是专门的广告推文，这也是写作变现最常见的一种方式。

成熟的大V依靠广告费可以获得千万元级别的收入，我们新人虽然很难达到这种高度，但可期待的收入还是很可观的。并且，对于刚入门的我们来说，未来还有着极大的上升空间，只要持之以恒地坚持下去，我们的收入也会逐渐提升。

7. 带货

这里的带货说的是在文章中插入商品链接，从而获取佣金收入的一种方式。

知乎有个带货功能，就是在回答一些关于电子产品、美妆、美食、家居的问题时，可以在文章内插入淘宝、拼多多、京东的商品链接，只要用户通过这个链接点进去购买了答主推广的商品，答主就能获得相应的商品的佣金。

只要是有链接的，不管是什么商品，都可以进行推荐。有人通过这个功能日收入过万元。

事实证明，知乎用户对知乎答主的信任度是很高的，而这种软文写起来的难度也比其他类型的文章低很多，可以作为变现的重点方式去进行尝试。

8. 出书

在所有的变现方式里，出版实体书是相对困难的一种。

首先，写实体书非常考验写作的综合能力，不管是对大纲构思能力、知识储备水平，还是对整本书的把控能力，都有着比写新媒体文章更高的要求。

同时，实体书的变现速度相对较慢，建议大家还是从写文章开始积累。

9. 网络连载小说付费阅读

擅长写小说的同学也可以直接尝试创作网络文学作品变现。签约之后，可以通过章节付费来获得稿费收入，收入高的如唐家三少，收入达千万上亿元水平；收入低的则非常惨淡。

6.2 平台与写作的完美结合

前面的章节告诉大家怎样不走弯路地写出一篇好文章，而我们写作的最终的目的是通过写作来进行变现，所以，怎样选择合适的平台，怎样将平台与写作完美地结合起来，怎样通过平台让我们的文章利益最大化，是我们必须考虑的问题。

这一部分，我们来详细地进行讲解。

6.2.1 平台的选择

除了公众号、微博、今日头条、知乎外，还有许多的平台可以进行选择，比如百家号、企鹅号、小红书、简书、豆瓣等。

如此多的平台，怎样进行选择呢？

1. 选择最适合自己的平台

每个平台具有每个平台的风格和特点，适合自己的才是最好的。

比如擅长写公众号的同学，去了今日头条后，就出现了水土不服的现象。我们在公众号上发表的爆款文章，放在今日头条这个平台后，文章的数据就表现得没有那么亮眼。

为什么呢？

（1）平台的风格不同

头条号的文章相对严谨，更加注重专业性，更偏好干货类的文章，而公众号上的文章更加活泼，段落相对简短，风格更加接地气。

（2）平台受众习惯不同

每个平台针对的用户群体，都有其独特的口味和喜好，阅读习惯上的差异导致了文章数据的差异。

因为这种差异化，所以我们在进行平台选择时，要去选择那个最接近自己写作风格的平台。

2. 根据平台风格调整写作风格

写作的根本结构和套路是不变的，而各平台的风格是可以在模仿中变化的。

我在后面会讲到怎样建立自己的多平台矩阵，我们需要适应不同平台的写作风格，才能从多个渠道里吸引流量进行二次或者多次变现。

写作风格要因地制宜，比如知乎的高赞类文章在兼顾专业的同时更接地气，作者与受众之间的互动性更强，空间距离感更近，就好像两个朋友在互相交流。同样的文章，我们如果发到今日头条这个平台,就需要对文章的格式、语言风格、插图数量等方面进行调整。

另外,每个平台对文章都有自己的审核标准,只有你的文章符合它们的要求和规则,你的文章才能够成功过审。这就需要我们在进行平台选择之前,先熟悉各个平台的要求。

3. 明确平台选择的目的

大多数写作者在进行平台选择的时候是盲目的,没有系统的规划,很容易半途而废,多走很多弯路。

我们在进行平台选择的时候,要明确自己对平台进行选择的目的。

(1)直接目的

通过写作获取稿费是我们进行创作的直接目的,这个平台能给我们带来收益是我们在这个平台坚持下去的基础。

(2)间接目的

借助平台,我们要能通过写作获取更多的流量,来进行二次或者多次变现,并将这些流量转化成我们自己的私域流量,打造个人 IP,从而从写作变现转化成流量变现。

6.2.2 持续在平台进行深耕

当我们确定了驻扎的平台之后,就要持续不断地在这个平台进行内容输出,提升账号的权重和影响力,成为平台大 V。

这个过程,就是深耕的过程,包含了以下几个方面:

1. 内容质量与数量的提升

内容输出是写作变现的基础，内容质量直接决定了我们能否在平台上获得更多的关注。

我们要做的就是全面提升我们的内容质量，源源不断地输出更加优质、更具价值的文章。

我们进行内容输出的数量也决定着我们能否更快地变现。

受众是需要更多的新鲜感的，不断地产出，才能吸引更多的新受众，也能让老的受众不断地在你这里获取更多的新知。

同时，内容的质量和数量也对我们的账号权重有着至关重要的影响，只有不断地输出，才能提升账号等级，获得平台认可，为打造个人 IP 奠定坚实的基础。

2. 粉丝黏性的提升

粉丝就是流量，粉丝的黏性越高，越容易变现。

那么，怎样提升粉丝的黏性呢？

（1）高强度输出

粉丝对你付出的时间成本越多，感情就越深，与之相应地，粉丝黏性也就越高。高强度输出，能大大地增加粉丝在你身上花费的时间，从而能不断地提升粉丝黏性。

（2）良性互动

我们要养成通过文章或者留言来跟粉丝进行良性互动的习惯，以此来增加粉丝对你的认同感。

（3）爱惜"羽毛"

当我们写软文做广告的时候，要以粉丝更容易接受的方式进行推广，并且要对产品质量进行把关，以免粉丝产生信任危机。

与粉丝沟通，要在保证自我个性的情况下友好互动，永远不要跟粉丝发生语言冲突，如果你实在无法容忍粉丝的行为，可以考虑文明举报。

3. 影响力的提升

我们在平台上获得的关注越多，影响力就越大。

影响力的大小与变现金额正相关。

我们在进行有效的高质量输出的同时，也要不断地扩大我们在平台上的影响力，以此获得更多的变现机会。

影响力的提升表现在以下几个方面：

（1）名气的提升

名气能让我们获得更多的人脉资源、变现机会，以及更具价值的个人名片，为从事新媒体行业提供强大背书。

（2）能力的提升

成为大V的过程也是我们个人能力不断提升的过程，当我们成为平台大V时，我们也具备了不俗的个人能力。

（3）身份地位的提升

当我们的能力和名气达到一定的层次时，我们的身份地位也会随之改变。

身份地位提升，影响力也随之提升。

6.2.3 利用平台深度变现

前面介绍了写作变现的方式，当我们在平台的影响力越来越大的时候，就可以利用平台进行多方式、多渠道、多维度的变现。

1. 多方式变现

每个平台都会提供多种变现的方式，我们要学会利用平台提供的各种工具，结合写作，以多种方式进行变现。

比如，知乎提供的变现方式有：

赞赏、知乎 Live（也就是知识付费）、付费咨询、知乎好物（也就是带货）、广告（软广、付费点赞、付费评论）、品牌任务（这是知乎跟品牌的合作，也是一种广告变现方式）。

除了以上变现方式，我们还可以给知乎大 V 投递稿件以获取稿酬，也可以将粉丝引流到个人公众号里，进行二次或者多次变现。

2. 多渠道变现

多渠道变现也就是多个渠道同时获取收益。比如我们通过知乎将粉丝引流到个人公众号，然后通过公众号或者微信，给粉丝提供新的服务，比如商品、课程或者咨询，从而获取更多的收益。

这种多渠道变现的方式，也同样适用于其他的平台，比如今日头条、小红书、微博等。需要注意的是，现在许多的平台并不支持引流，尤其是在我们账号不成熟的时候，如果在平台上出现了引流话术或者在其他平台的账号，会有被平台冻结拉黑的危险。

所以我们在平台进行引流的时候，务必低调、含蓄，这里也给大家分享三个小技巧：

（1）保证各大平台账号名统一，方便粉丝寻找关注。

（2）通过私信的方式进行引流，缺点是效率较低。

（3）通过简介、自我介绍这些方式进行宣传。

3. 多维度变现

（1）短视频

短视频开始蓬勃发展后，传统的阅读方式受到了冲击，我们也要与时俱进，去适应不同维度的变现方式。

我们可以将我们的文章做成小视频来进行分享，以此吸引到更多的关注。

（2）直播课

直播带货的兴起，让广大明星、名人、网络红人、大V纷纷加入其中，我们也可以通过直播来进行知识变现。

（3）长视频

我们还可以通过支持长视频的平台，来上传视频课程。比起阅读，视频分享讲解的方式更受大家的欢迎。

比如B站（Bilibili）的兴起，催生了一大批的UP主，许多专家、教授也纷纷入驻，吸引了大批的粉丝。

6.3 写作变现的三个技巧和四种能力

6.3.1 写作变现的三个技巧

很多新手会有一个误解,就是只要我写了稿子,那我这篇稿子就一定能赚到钱。有这种想法的同学,要么是对新媒体写作不了解,要么是过于自信。

从写作到变现还有很长的一段距离,没有哪个写作者敢说他人生当中的第一篇稿件就赚到了钱,大部分写作者开始的时候都是没有什么收入的。坚持下来的,修成正果;坚持不下来的,放弃或者改行。

有的人说了:"变现这么困难,那我们什么时候才能赚到钱呢?"

变现固然困难,却存在着很多的技巧,掌握了这些技巧,我们就能少走很多的弯路。

下面我就分别来讲讲变现有哪些实用技巧。

1. 格式技巧

现在投稿一般都是采用电子邮箱发送,将 Word 文件附在邮箱里,发送到投稿邮箱,等待审核回复,但有的写作者,稿子写得不错,可就是过不了稿,为什么呢?

因为稿件的排版太差了,格式也很糟糕。假如你是审稿编辑,当看到一篇不分段的稿件时,你还会细看稿子的内容吗?

许多写作者意识不到排版的重要性，实际上排版基本能决定审稿的编辑会不会打开你的稿子。试想公众号的一篇文章，打开一看密密麻麻毫无条理，受众还会耐心地看下去吗？

编辑也是你的受众，所以排版和格式要放在第一步考虑。

想要文档看上去舒适美观，要考虑字体、字号、颜色、行间距、字间距、首行空格，等等。

这里重点说一下字体，大家千万不要选那种花里胡哨的字体，一般选宋体或者默认字体就好。

颜色统一为黑色。

标题的字号一般要比正文字号大，标题可加粗加黑，不要用斜体字。

如果是图文内容，图片要选无版权争议的高清图片，文章中的金句需要加粗加黑。

新媒体文章要善于断句，一个段落最好不要超过三行字，三行中的最后一行不要写满，要学会留白。

文件内，要写上你的自我介绍、过往成绩（没有过往成绩的可不写）、联系方式（重点），这部分的内容要放在正文的上方，介绍与正文内容一定要明显地区分开，防止视觉混乱。

2. 投稿技巧

投稿也是讲究技巧的，如果你有编辑的联系方式，在跟编辑进行沟通时，一定要有礼貌。

我遇到过一个很有意思的作者，我在跟她沟通时，无论我给她讲什么，她都会回复一个"哦"字，以至于我很多时候以为那是个自动回复，更不能确定她内心的真正想法。

这类型的作者，即便是稿件确实不错，我也不太想跟她合作。

投稿时，切忌一稿多发。许多新手没有注意到这一点，一篇稿子同时发给了很多人，这个时候，审核编辑只要点开收件人就能看到你一次投了多少人，这种情况，不管稿件是好是坏都不会再有审核的价值。

投稿时，邮件名一定要写清楚你的投稿意向。

比如，你要投情感文，那么邮件名上要写：投稿＋情感类＋文章标题。

这么做的目的是让编辑立刻知道你的投稿目的，也能给编辑留下一个好的第一印象。

有人反映说那么多的公众号在征稿，那我们到底要投给哪个公众号才能保证在提高过稿率的同时还不会被骗呢？

我这里给大家说两个小技巧：

（1）尽量不要投给粉丝特别多的大号

许多新手被这些大号的稿费所吸引，义无反顾地一篇篇地去投，最后却都石沉大海，杳无音信了。

为什么呢？

首先，这些大号是不缺稿子的，他们基本都有自己的写作团队或者长期合作的签约作者。其次，往这些大号投稿的稿件太多了，很多时候编辑看都看不过来，而新媒体稿件大多具有时效性，过了这个阶段，你就算写得再好，稿子也没有推送价值了。最后，这些大号的收稿门槛较高，对于新手来说，过稿率相对较低。

（2）不要投给粉丝基础薄弱、推送不稳定的公众号

粉丝基础薄弱、推送不稳定的公众号，很有可能会弃号。公众号运营者的收益不稳定，或者根本没收益，还可能会出现骗稿、拖欠稿费等情况。

所以，新手在投稿的时候，要重点去找中部的那些公众号，这部分的公众号，不仅过稿率高、门槛较低，稿费支付也相对及时。

3. 引导技巧

许多受众在看文章的时候，是没有点赞或者关注的习惯的，更多的是觉得不错，看了就丢到脑后了。

适当地引导更能培养受众的点赞或者关注你的意识，当这个受众变成你的粉丝之后，他就成了你的固定流量。受众关注你越久，粉丝黏度越高，变现的可能就越大。

（1）引导要让受众感觉有利

许多知乎作者在文章里会宣传自己的公众号，比如一些专门推荐好书的文章，会在中间或者末尾的时候提醒受众关注自己的公众号，就可以免费获得好书电子版的集锦。

而对于"免费"这两个字，大部分人是无法拒绝的，所以为了达到比较好的引流效果，我们都要提前准备一些让受众可以免费使用且确实有价值的东西，来进行引流。

除了一些"免费"的赠送，我们还要保证自己输出的内容对于受众来说是确确实实能带来帮助的，比如我写写作方面的干货，每一篇文章都会帮助受众去解决一个写作难点，他们整篇文章看下来，觉得确实让自己茅塞顿开了，那我的这篇文章对于他们来说就是有益的。

（2）引导要让受众感觉舒适

我们不管是引导关注、引导点赞还是引导打赏，都要让受众感到舒适，至少不要让受众感到反感。

常用句式：

如果你想获得更多××，就来关注我吧。

我是××+自我介绍（说优点，告诉受众为什么要关注你）+好处（能够给受众提供哪些帮助）+做个朋友吧。

希望我的××能够给你一些启发，让你忍不住点赞、收藏，鼓励我分享更多干货。

6.3.2 写作变现的四种能力

有人觉得写作变现是一条很困难的路，但当你拿到第一笔稿费时，你就拿到了依靠写作实现财务自由的入场券。

有很多的同学说老师你吹牛，为什么我写了那么多文章还是没有变现呢？

变现很难，变现也不难，关键要看你有没有正确地掌握写作和变现的法门。

写作变现同时也是一种能力，而这种能力恰恰又是很多写作者不具备的。

如果你三天打鱼两天晒网，蹉跎了一年，那就不要说写作变现很难。

如果你确实努力了，只是因为找不到正确的指导才导致无法变现，那么只要认真学习下面的内容，我相信你很快能踏上正轨。

那么，写作变现究竟需要哪些能力呢？

1. 抗击打能力

我有个朋友，她投稿总是被拒，前后大概被拒了 50 多篇，到最后已经被打击得开始自暴自弃了。

我让她再坚持坚持，写篇新的稿件给我看看。之后，我给她的这篇新稿件做了些修改，让她去投稿，这篇稿子就过了。

这篇稿子，也让我这个朋友拿到了人生当中的第一篇稿费——300 元。

从那之后，我这个朋友就像开了挂，接连又过了几篇稿，终于重新找到了写作的自信。

写作不是一蹴而就的，你需要具备足够的抗击打能力，在每一次的失败之后都能重新振作起来，找到支撑自己写下去的力量。

有没有这个力量，直接决定了你适不适合走这条路。

2. 不服输能力

写作是一条孤独的道路，你必须耐得住寂寞，也要承受得了挫折。

挫折随时都会出现并迫使你认输，但你必须具备永不认输的精神，才能在写作的泥沼中冲出一条光明大道。

我有个写作天赋很一般的作者朋友，同样的一个写作要点，对悟性好的作者来说，基本上是一点就透，可对于这个作者，无论我用怎样的方式去引导讲解，她都抓不到关键，最重要的是，我说西的时候，她总是在想东。

这之后，我就打算不再管她了。但这个作者很有意思，她依然孜孜不倦，每天都来问我，哪怕我们还是一个说东一个想西，永远都不在一条道上。

这么持续了一个月，我都快崩溃了，这个作者却突然给我留言说，老师，我就不信我写不出好的作品来。

看到这句话，我很受感动。

一个不愿服输的人，只要坚持下去，那就还有希望。

在我写作之初，我也是个很笨拙的人，坚持了很多年也没能写出什么成绩来，但因为不服输，因为不相信自己写不出好的作品，才一路坚持到今天，取得了以前想都不敢想的成绩。

不服输也是一种能力，希望每一个想走写作这条道路的人，都将这个能力好好地培养起来。

3. 坚持到底的能力

你要不服输,你也要坚持到底。

还是拿我刚才说的那个作者来说,我因为她的那句话很受感动,也反思了自己的心态,身为一个编辑,帮助作者提高写作水平也算是职责范围内的一部分。

我痛定思痛,决定让自己变得更有耐心,也发扬不服输的精神,说什么也要把这个作者给教出来。

然后,这个作者在又改了两次后,放弃了。

她说:"老师,我实在不想改了,我就是这个能力,我实在改不出来了。"

作者都这么说了,我还能说什么呢?

放弃容易,坚持很难。

一个行业中,真正成功的必然都是那些坚持到最后的。

许多人说,写作变现都是骗人的,对于普通人来说,写作根本无法变现。

我想说,那些成功的作家曾经也是个普通人,只是坚持到了最后而已。

学会写作的套路,你也能写出漂亮的文章。

4. 自我纠错能力

这种纠错强调对整篇文章的把控,比如标题是不是起得还不到位,开篇是不是还不够吸引人,结尾的金句是不是还不够亮眼,等等。

除了我们之前所说的公式和构架,也需要大家学会站在受众角度去审视自己的文章,而不是始终沉浸在自己的写作状态里。

如果你总是无法站在受众的角度来审视,最简单的解决方法就是去找身边的朋友阅读你的文章,但你无法确定朋友们所说的话是不是包括感情分。

除了对文章的纠错,还有对自己心态的纠错。

比如,你是不是又变得心浮气躁了,是不是又在想自暴自弃了,是不是又对写作能否变现产生怀疑了,等等。

你需要不断地去处理这些干扰你写作的小情绪,才能保证自己一直走在写作的正确轨道上。

第7章 全面构建多平台矩阵

7.1 多平台矩阵介绍

多平台矩阵其实就是多平台共同蓄力发展，从而最大限度地获取流量的一种形式。

构建多平台矩阵不管是对于写作变现还是打造个人IP来说，都是不可或缺的阶段。

比如，我们在头条号上写一篇文章，那么能吸引到的也只有今日头条的用户，如果我们同时将这篇文章推送到知乎、公众号或者其他平台，就能同时获取到多个平台的流量和关注。可见多平台矩阵是能够放大我们文章的价值的。下面，我将分类介绍多平台矩阵的不同形式。

1. 按模式划分

按照模式来划分，多平台矩阵可以划分成横向矩阵和纵向矩阵两种模式。

（1）横向矩阵

横向矩阵就是我们同时在多个平台上运营多个账号，比如公众号、知乎号、头条号、小红书号、简书号、微博号，等等。

横向矩阵的优势是可以帮助我们从多个平台来获取流量，因各平台的规则和风格不同，也能为我们提供较多的试错机会，让我们找到最适合自己发展的平台。

横向矩阵也有着很大的劣势，作为个体，同时在多平台上经营多个账号，会大幅度地消耗我们的时间和精力。

（2）纵向矩阵

纵向矩阵是指我们在一个平台下进行深挖布局，发掘不同的运营方式。

比如今日头条，通过今日头条，我们可以开通头条号、悟空问答、视频号、网络直播等，同时我们还可以在今日头条注册成为作家，进行作品连载。

纵向矩阵的优势是有利于我们在一个平台深挖拓展，积蓄势能，快速成长为大 V。

纵向矩阵的劣势也十分明显，单个平台获取流量具有局限性，比如公众号，其传播只能通过文章的分享及一些推荐来达到引流效果。

2. 按类型划分

按照类型划分，多平台矩阵一般被分成三种形式。

（1）同内容不同平台

同内容不同平台属于横向矩阵的方式，即我们将同一篇文章分发到不同的平台来获取流量，但需要注意的是，不同平台的内容要求会有所不同，我们在进行内容推送时，需要根据平台规则和风格进行调整。

（2）同平台不同内容

同平台不同内容则是纵向矩阵的方式，在同一个平台内，我们需要持续不断地推陈出新，让读者保持新鲜感和期待感，做成优质账号。

（3）同内容不同方式

同一种内容也是可以通过不同的方式来展现的，比如一本小说，可以录成音频，制作成漫画、动漫、游戏，乃至改编成电视剧、网剧或者电影。

不同方式也能帮助我们吸引不同类型、不同喜好的用户。

7.2 构建多平台矩阵的策略

不同平台具有不同的规则，应对策略自然也有所不同，所以构建多平台矩阵需要我们既有统筹管理的意识，又能深入到各个平台进行深挖拓展。

那么，到底要怎样构建多平台矩阵呢？

7.2.1 平台选择

市面上的平台多如牛毛，我们个人的精力和时间有限，全部去做运营是不太现实的，所以选择平台是我们构建多平台矩阵的第一步。

不同的平台有着不同的平台特质和粉丝习性，那么，怎样选择最适合我们自己的平台呢？

1. 根据定位进行选择

我们在写作变现这一部分的内容里讲过如何进行个人定位，在构建多平台矩阵时，我们可以根据这个定位来对平台进行筛选。

比如，我的定位是写作经验分享者，显然我的内容并不适合小红书，因为小红书上注重运动、旅游、家居、美妆、时尚、酒店等信息的分享，即便我在小红书上兢兢业业地进行写作经验的分享，吸引到的粉丝也是很少的。

相反，如果我将写作经验分享到知乎，则能收到不错的效果。

在选择时，我们要考虑自身与平台定位的以下维度：

（1）性别定位

许多平台也在做市场定位，针对不同的用户群体来进行应用研发，比如有个叫"大姨妈"的 App，这个 App 显然是针对女性用户的，男性用户所占的比例就很小。

再比如男性私人医生 App，显而易见是针对男性群体的，那么女性用户所占的比例就会很小。

我们可以根据我们的内容进行平台选择，如果我们的内容偏向于女性群体，就可以选择女性用户占比较大的平台；相反，如果我们的内容偏向于男性群体，则可以选择男性用户占比较大的平台；如果我们的内容相对中性，适合不同性别用户群体，那么我们则可以选择在性别占比上较为均衡的平台。

（2）年龄定位

不同年龄段有不同的阅读喜好，现在的许多平台，都推出了儿童、成年、老年三种浏览模式。

我们可以根据年龄定位来进行平台选择。

比如，有的写作者专门进行少儿频道的内容输出，那么就可以选择一些支持少儿内容的平台，比如喜马拉雅上就有儿童和少儿教育等频道，我们可以通过上传音频的方式来进行针对少儿的内容输出。

（3）喜好定位

我们同样可以根据喜好进行定位，比如：喜欢篮球的用户，更偏向于关注体育频道；喜欢影视的用户，更偏向关注影视频道；喜欢军事的用户，则更倾向于关注军事频道。

我们在进行平台选择的时候，需要根据我们的内容结合用户的喜好进行筛选，选出最适合我们的平台。

2. 根据平台的前景进行选择

我们在选择平台时，需要着重考虑这个平台的前景，不管是运营前景还是平台发展前景，都决定着我们是否应该在这个平台继续待下去。

因为，运营一个账号，需要我们消耗大量的时间和精力，倘若这个平台已近夕阳衰退期，平台的任何变化都有可能导致我们的心血付诸东流。

我有个朋友，以前运营人人网账号，通过人人网，他每个月的收入都稳定在一万元以上，日子过得很是滋润。后来，大家也都知道了，人人网彻底消失，随之一起消失的还有我这个朋友的收入，再加上他没有对别的平台进行运营，直接导致他失去了收入来源。

所以，我们需要通过三个要点来预估平台是否具有运营价值：

（1）是否有利可图

一个平台是不是有利润收益，是不是还处在平台发展的红利期，是评判这个平台是否具有潜质的根本标准之一。

倘若一个平台失去了赚钱的能力，会直接导致平台产出内容的用户大量出逃，没有了源源不断的内容加持，这个平台也必然会走向末路。

（2）平台日活是否充足

日活即日活跃用户量，如果平台号称多少亿的用户，但平台日活却少得可怜，那么这个平台也不应纳入我们选择的范围。

日活代表着一个平台的活力，失去了活力的平台，也无法为我们提供足够的流量和关注度，运营这样的平台账号同样是对我们精力和时间的一种浪费。

（3）平台能否保持内容原创度和更新

内容是一个平台运行的基础，没有原创内容的平台只是一具毫无潜力的空壳。如果这个平台缺乏原创内容，甚至没有任何的原创内容，那么这个平台也毫无未来可言。

同时，能否持续地更新同样是衡量平台是否优质的评判标准，没有内容更新的平台就如同一潭死水，用户总会对旧的内容产生厌倦，只有源源不断的新内容才能长久地吸引住他们的目光。

3. 不断试错进行选择

在进行初期的筛选之后，如果我们还是无法选择出适合自己的平台，这个时候就可以通过试错来对平台进行筛选。

试错是一件单调乏味的工作，需要我们在筛选出的平台上逐个进行尝试，也许能找到结果，但会消耗我们大量的时间和精力。

那么怎样进行试错才更加高效呢？

（1）在平台上寻找跟自己定位相似的账号观察

鉴于用户群体的庞大，我们在这个平台上或许并不是独一无二的那个，还有可能出现跟我们的定位和内容输出方向极其相似的账号。

这些账号正是我们需要仔细观察的，倘若这个账号在平台上运营得还不错，说明我们的账号也具备同样的潜力，相反则可以直接选择放弃。

（2）再次进行筛选后，开始对账号进行测试

为测试我们的内容到底适不适合这个平台，能否真正地吸引到关注，我们需要按照平台规则进行内容推送，然后再观察账号表现。

这个方式大概会消耗一些时间和精力，但却是最有效果的一种试错方式。

（3）对多个账号进行测试后，进行横向数据对比

对多个账号进行测试对比后，我们可以选出数据表现最优秀的那一个作为我们的主打平台，再依次选出矩阵平台，数据最差的就可以淘汰掉。

将不同平台的数据进行对比，能够快速帮我们找出优质平台，也为构建多平台矩阵打造了一个坚实的基础。

7.2.2 差异化运营

1. 形式上的差异化

比如，我们同时运作公众号、知乎号、头条号、抖音号，那么抖音号和知乎号的表现方式是肯定不同的，抖音以短视频为主，知乎则以文字为主，虽然现在知乎也开发了视频工具，但文字依然是其最为主要的内容呈现方式。

我们在进行形式差异化运营的时候，需要注意以下几点：

（1）根据平台风格做改变

今日头条的风格与公众号的风格是存在显著差异的，今日头条文章风格偏稳重成熟，公众号文章因断句较多，则显得更加轻快活泼。

同一篇文章想要推送到不同的平台，文章的风格就需要做一些调整，以此来适应各个平台的"水土"。

（2）根据表现形式做改变

同样的内容可以有不同的表现形式，它可以是文章、音频、视频或者短小精悍的动漫。

比如，我们的一篇稿子，如果放在抖音上展示，肯定不能以文章的形式来展现，需要做成小视频，来适应平台和用户，这就是形式上的改变。

2. 推广上的差异化

平台有主次，在推广上也自然有着各自的侧重点。

比如，我将知乎定为我构建矩阵的主要平台，在内容推广上，我将会更加侧重对知乎的内容推广，相应地质量、数量上会更加向知乎倾斜。

另外，越是主要的平台，越要侧重于在这个平台上多元化发展，比如我们打造头条号，会追求图文、视频、音频的多元化发展，对于作为辅助平台的简书号，就会减少精力的消耗，只通过数据表现最好的一种形式进行推广。

推广上的差异化能让我们有侧重，减少精力和时间的消耗，也能保证在精力范围内最大限度地获取流量和关注。

7.2.3 平台内容输出

到了这一步，就需要我们用到写作变现这部分的内容了。

当我们构建了多平台矩阵之后，就需要源源不断的内容输出来让整个矩阵活起来，形成良性循环。

我曾经做过一个简书号，那个账号的内容推送后反响很不错，但后来因为忙别的事情就停更了，就此浪费了成为优质大号的机会。

所以，内容输出务必要稳定、持续。

那么，我们在多个平台进行内容输出时，要怎样去做呢？

1. 垂直运营

所谓垂直运营指个人定位和内容定位的垂直，即始终保持在同一个领域内不断地深耕深挖。

保持内容垂直需要遵守这两个准则：

（1）定位精准

定位越精准，我们的目标就越明确，内容的垂直度就越高，说白了就是不会跑到别的领域去。

比如，我想写文娱这个领域的文章，但文娱又包含着文化和娱乐，这两个方面又能细化出许多的内容来。这就可能带来定位不够精准的情况。

定位不精准会造成两种后果：

第一，内容无法垂直。

各平台对于账号是有垂直度要求的，领域越垂直获得的推荐就越多，相应地我们的账号成长得就越快。

第二，收益锐减。

推荐多则收益多，这个道理就不用我来细说了，举个例子大家就明白了。

今日头条的文章是按照阅读量来结算收益的,也就是说你这篇文章的阅读量越高,你的收益就越高,而决定你阅读量的是平台对你文章的推荐。

(2)定位同步

构建多平台矩阵的根本目的就是通过这种模式从各个渠道来吸取流量,而后汇聚到我们的私域流量池内。

如果各平台的定位出现差异,我们就无法在最后对粉丝们进行统一的变现运营,同时不同的定位将造成对我们的时间和精力的成倍损耗,越是往后这种损耗就会越明显。

比如,我有个朋友,就是专注在今日头条这个平台上写怎么养鱼的,由于他的定位较为特别,平台向他倾斜了许多的推荐资源。但同时,他在另一个平台是写体育的,后期他想做私域流量的时候,这两种粉丝汇聚在一个流量池内直接发生了兴趣冲突,导致后续不断地出现有人退群取关的现象。

这就是定位不同步带来的严重后果。

2.统一分发

多平台矩阵这种模式最大的弊端就是对时间和精力消耗过大,统一分发恰恰减少了这种弊端所带来的影响。

统一分发的优势十分明显,有以下三点:

(1)简单高效

同样的内容同时推送到多个平台来获取流量,有的时候可能只需要一键操作就可以解决消耗时间和精力这个难题。

（2）对人手要求不高

在构建新平台矩阵初期，我们多是一个人在操作，统一分发大大减少了对人手的要求，我们常常一个人就能完成操作，不会打乱我们工作的节奏。

（3）节省精力

运营的账号越多，对精力和时间的消耗就会越大。

统一分发大大地节省了我们的时间，也能将我们的精力释放出来，让我们专注于内容的创作。

统一分发也存在着劣势：

许多的平台，比如今日头条，是有原创要求的，只要被今日头条检索到文章与其他平台内容重合，不管那篇文章是不是你写的，就会判定你为抄袭。除保证内容在今日头条首发之外，我们没有更好的方法，所以在进行内容推送时，我们需要留意这些对原创性有要求的平台。

7.3 主流平台推荐

7.3.1 知乎

知乎是我首推的一个平台，不仅仅因为知乎是一个拥有超过两亿用户的问答社区平台，而且因为与其他的平台相比，知乎不管是创作环境、运营难度还是收益回馈，都是相当好的。

自从知乎和百度联手之后，知乎在百度的搜索权重也得到了有效的提升。比如一个关于写作底层逻辑的问题，我们以前在进行百度搜索的时候，可能需要翻很久才能翻到知乎的回答，现在同样的一个问题在百度搜索，第一页就会出现知乎的相关链接。

比如，我在知乎写了一篇文章——《新人作者必看的 9 个底层逻辑》，你只要在百度搜索关键字，如"写作的底层逻辑"，就能直接看到我的答案，如图 7-1 所示。

图 7-1　我发布在知乎的文章在百度的搜索结果

这种引流方式比较精准，进行大范围曝光的同时也能给我们创作者带来更多的关注。

同时，知乎对新人的扶持力度、知乎大 V 粉丝的黏性，与其他的平台相比也都是相对较好的。

所以，下面重点说一说，怎样利用知乎这个平台来实现涨粉变现。

1. 怎样养出好账号

各平台对于账号的权重是十分看重的，这个评判标准其实很简单，一是看你这个账号是否能为平台带来更多的价值，二是看账号是否存在违规现象。

你如果违反了平台的规定，发布了不友善的内容或者跟其他用户在平台上吵架，轻则被扣除积分，重则会被直接封掉账号。

那么我们要怎样做才能在知乎养出一个优质的账号呢？

（1）注册账号之前，先做好个人定位

关于如何进行账号定位，在前面的内容中我们已经讲过了，为了避免我们的账号在注册之后频繁地修改定位影响账号辨识度，大家需在注册之前就先做好个人定位，选择好我们的垂直领域，并且尽量地统一我们的账号头像、账号名、简介，以及垂直领域。

· 头像

我们在选择头像时，最好选择跟我们的垂直领域相关的，比如你是在网上卖水饺的，肯定不能用一个火锅做头像。

建议：头像清晰、简单，最好能一眼看出你涉及的领域。

比如，你如果专注与动漫相关的内容创作，就可以以一个著名动漫人物作为头像。

· 账号名

账号名最重要，我们一般采用昵称+领域的格式，比如我们编几个简单的例子：小白爱美食、暖暖在职场、天天说历史。

还有一种是像李子柒这种没有属性的名称，虽然不利于前期发展，但对于后期打造个人 IP 是非常有帮助的，更容易形成品牌效应。

· 简介

对简介的要求简单概括就是一句话——领域清晰，个性十足，风趣幽默。

在知乎，许多成熟起来的大 V 会直接在简介里标注自己的公众号，这对于新人来说是绝对不适用的。谨记：新人贸然引流，会有被平台封号的危险！

在账号没有真正地成长起来之前，还是老老实实想简介吧。

比如，黛西巫巫，这个账号的简介是：每天一篇优质成长干货。

我们基本一看简介，就知道这个账号是做什么的了。

· 垂直领域

垂直领域也就是我们这个账号针对的领域，要做到与定位一致。

比如我做写作经验分享，那么这个账号的内容就只涉及写作经验的分享，就算偶尔涉及别的领域，也不要超过我们这个账号总内容的10%。

（2）遵守平台规则，珍爱盐值

知乎盐值最主要的功能就是，不同的积分可以开通不同的"绿色通道"，如图7-2所示，盐值越高，开通的权限越多。

图7-2 知乎"我的盐值"界面

在知乎，可以增加积分的有五个维度，如图 7-3 所示。

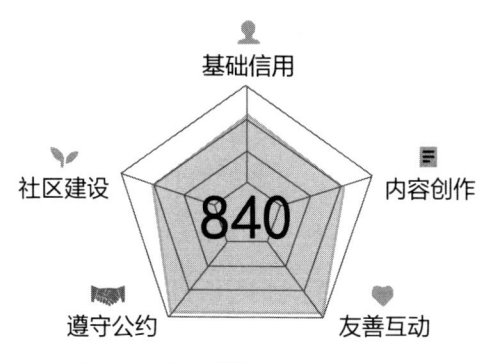

图 7-3　知乎增加积分的五个维度

- 基础信用

要获得基础信用，就要做到个人资料完善、完成个人认证，并成为优秀回答者，积分大家不用关心，是平台的积分系统计算的，会给谁、怎么给我们是不知道的。

个人资料这一项很简单，就是个人信息填写，能填的都填上就好。个人认证则有些要求，需要在学历认证和全职认证中选一项。大家有本科及以上学历或者全职工作的可以认证一下，没有的就不用管了。

- 内容创作

内容创作就是我们在知乎这个平台上进行提问题、回答问题、写文章、写专栏、发想法、发视频等利用知乎给予的工具进行创作的行为。

要点：保持账号活跃，确保内容优质。

总的来说，就是不断为平台贡献自己的价值。

- 友善互动

友善互动顾名思义就是友好善意地与用户进行沟通交流。

我们的文章观点不可能让所有人都认同，总会遇到观点和理念跟我们不同的，观点可以碰撞，可以议论讨论，但不能变成吵架。如果我们遇到了素质低下出口伤人的用户，可以不理，也可以直接举报，但一定不要跟他们恶语相向，否则我们也有被扣除积分的可能。

- 遵守公约

公约就是知乎发布的《良性讨论公约》，遵守公约的本质要求跟第三条一样——理性讨论，拒绝恶言恶语。

我们每一分都是兢兢业业写回答赚来的，不要因为一时失控而丢掉积分。遇到不友善用户，一定要理性克制。

- 社区建设

社区建设是涨分比较快的一栏，包括准确举报、公共编辑、加权反对等。

准确举报：我们看到不友善的内容可以进行举报，举报成功一次我们就能获得1个积分的奖励，但需要注意的是，不要滥用举报功能。

我们可以对一些垃圾广告、不合规的微商宣传、虚假宣传等回答进行举报，这样能够大大提高我们的举报成功率。

公共编辑：简而言之就是对一些不合规的问题进行再编辑，

让问题逻辑更加清晰，问题更加完整，方便用户们进行回答。

加权反对：就是对一些"事实错误，煽动情绪，答非所问"的回答进行反对，反对成功会有积分奖励。

（3）积累粉丝，提升权重，慎重引流

许多写作者刚积累了一些粉丝，就开始肆无忌惮地利用平台往自己的私域流量池进行引流，这是平台的大忌，平台轻则删帖，重则禁言、封号。

引流不仅仅指向自己的账号引流，还包括放一些添加了外部链接的广告等。

有的写作者在万赞文章内插入了外部链接广告，导致文章直接被删除，几万粉丝的账号也被禁言、封号了。

所以，账号引流要慎重，一旦触雷，我们之前所有付出的心血就跟着付诸东流了，尤其是对于新人用户来说，更要慎之又慎。

除此之外，不断地积累粉丝，扩大平台影响力，不断地提供优质问答，以提升账号权重，都能让我们的账号变得越来越优质。

2. 知乎涨粉变现

粉丝是变现的基础，出于从众心理，粉丝多的账号更容易获得点赞和关注。

比如我们看到一篇文章，觉得很好，点进这个文章作者的主页一看，发现他一个粉丝都没有，对于这个作者的信服感就会直线下降，并且会产生一种这个作者还不够专业的感觉。倘若我们点进作者的主页去看，发现他有几十万的粉丝，是不是就会觉得这是个大 V，肯定很厉害，不然怎么会有这么多人来关注他呢？

这就是典型的从众心理。

所以，涨粉和变现是完全不可分割的整体。

（1）涨粉技巧

• 有干货

想要更多的人去关注，那么首先你必须有干货，能够真正为粉丝提供价值。

比如我在知乎分享写作经验，那么我的这些经验是不是能够让用户解决自己的写作难题，是不是给用户带来了帮助，让他们少走弯路，获得长足的进步？这也是我们衡量干货的标准。

真正有干货的作者，是不用担心涨粉难的，常常一篇文章就能让你获得几千甚至几万的粉丝。

所以，怎么样让我们的文章显得更干货满满呢？

第一，在文章内引用一些比较权威的数据或者知识点。

反例：

我国是一个拥有 14 亿人的人口大国。

正例：

根据国家统计局第六次全国人口普查统计，我国截至 2010 年 11 月 1 号，人口总量为 13.41 亿。

从这个小例子中我们可以看出，引用权威数据显然更具说服力，也显得更加专业。

第二，要点分层罗列，一目了然。

通过小标题来对要点进行分层论证，会使回答重点明确，看上去也更加工整。

反例：

这本书讲了从写作到打造个人 IP 的全路径，包括写作变现、多平台矩阵构建、私域流量池建立、产品设计及个人 IP 打造等内容，详细地讲解了"从无到有"的全过程。

正例：

本书共包含了 11 个章节，分为三部分——

第一部分：新媒体基础能力获得。

第二部分：写作变现。

第三部分：个人 IP 打造。

这样一来，我们要讲的内容就显得清晰明了、重点明确了。

• 勤更新

持续的更新不但能让我们的账号更加优质、等级更高，也有助于我们吸引更多的粉丝，这一点，不仅适用于知乎平台，对其他一些平台也同样适用。

输出能力高的同学，要在知乎上尽量保持一周不低于四篇干货的输出。输出能力较低的,也要保证一周至少两篇干货。

除此之外,我们也要善用知乎想法、知乎小视频、知乎圆桌等功能,积极参与一些官方举办的活动,来提升自己创作的激情和灵感。

- 追热点

知乎热榜对于整个平台来说,是大流量的聚集口。这个热榜,是根据该条内容 24 小时内的综合数据计算得出的,是结合浏览量、互动量、创作时间、在榜时间及专业加权进行的综合评定。

榜单共有 50 条问题,30 天内没有上榜记录的问题都有机会登上热榜,而登过热榜的问题再次登上热榜的可能要远小于未登过热榜的问题。

一般晚上 10 点以后就能看到新的问题榜单了,有两个回答问题的最佳时段:

第一,问题被提出没多久时。

这个时候,回答问题的人比较少,在账号权重差不多的时候,干货内容明显获赞数更高。这个时候如果我们被推到答题区的前几位,在问题登上热榜的时候,我们的答案也会随之获得巨大流量。

第二,早晨 8 点之前。

因为热榜一般是晚上更新,这个时候,就需要我们快速地整理资料,写问题答案。我们最好在第二天早晨 8 点之前完成新答案的更新，如果你到中午才写答案，你这篇文章就算干货满满，大概率也会被其他回答给淹没掉。

（2）知乎变现

知乎也在寻求更多的平台用户变现的机会，这里给大家介绍几种主要的变现方式：

• 好物推荐

知乎的好物推荐功能我在前面提到过，具体来说，就是通过在文章或者个人主页的橱窗里插入我们觉得很好的产品的购物链接，吸引用户去购买，从而获得佣金的一种方式。

通过好物推荐这个功能实现月入过万元的人不在少数，我们随便截取一张图，就能看到许多的人在现身说法，如图 7-4 所示。

一个月赚了近5W的知乎好物推荐心得分享
天问哥：今年玩知乎的朋友估计都知道，知乎给创作者开通了新的变现方式，即知乎好物年底就开始... 最多的时候一个号单月佣金收入... 阅读全文 ∨
▲赞同 390   ● 107 条评论   11-04

【干货】如何在知乎上赚钱？新人做知乎好物日入200+经验总结！
怡晴学姐：也做过自媒体，总之我是个不安分的人。当时看到知乎好物文章，本身我就是天天泡知乎，但是从来没注意过知乎带货居然可以赚... 阅读全文 ∨
▲赞同 21   ● 5 条评论   09-05

大二的我，是如何靠知乎日入过万的
王颜致：所以我还能有持续的收益。这并不是我第一次靠知乎赚钱，但是第一次靠知乎了现 19年双十一1天的时间，我也是在知乎靠带货... 阅读全文 ∨
▲赞同 837   ● 95 条评论   03-17

图 7-4　知乎界面截图

用好好物推荐功能，创作新人也可以实现快速变现，不过开通知乎带货功能，需要我们满足一定的条件：

第一，创作等级在 LV2 以上。

第二，过去三个月没有违反知乎的相关规定。

第三，仅限个人账号申请，不支持机构号。

- 付费咨询

知乎付费咨询需要我们的知乎盐值达到 500 才能开通，价格我们可以自己定，在一个用户发起咨询后，这条咨询还能被其他用户付费旁听。

我们打开知乎，在我的页面频道，可以看到付费咨询，点进去之后就可以进入付费咨询广场了，如图 7-5 所示。

假如我们定价 100 元，那么用户向我们咨询一次我们就能得到 100 元的收入。当然，知乎会收几块钱的手续费。

- 知乎 Live

当我们的创作者等级达到 LV6 时，我们就可以开通这个通道了。知乎 Live 是一款实时问答互动产品，用户可以随时进行一些相关知识咨询。申请主讲人之后，我们可以自主定价，定价区间为 9.9~499.9 元，时长区间为 60~120 分钟。

图 7-5　知乎付费咨询广场

知乎将 Live 分为四种类型——

单场 Live：一般是指针对某一话题进行的一次性分享。

Live 课程：是针对某一主题的多课时课程，如我的写作变现课，就可以分为 5 到 6 个课时进行讲解。Live 课程不能低于 3 个课时。

专题 Live：同一主题 Live 集合，一般由平台制作，根据不同分类进行综合推荐。

视频 Live：通过视频进行讲解。

- 付费电子书

看过网络小说的朋友对这种形式一定不陌生，具体来说就是你将知识整理成册，以电子书的形式发布在知乎的平台上，然后用户通过付费或者开通会员来进行订阅。

制作电子书需要我们注意的是，要保证内容的原创性，防止出现版权纷争。

- 软文推广

说白了就是一些软文广告。当我们的粉丝过万后，就会陆续有合作商来找我们发广告。

软文推广的要价没有统一的标准，大家需要留意的是广告的质量和数量，以及我们有可能承担的风险。

如果我们的账号都是广告的话，不但会破坏账号质量，导致粉丝脱粉，还有被封号的风险。

- 品牌任务

品牌任务就是我们可以直接和品牌进行对接接受约稿，只是这些品牌都是由知乎平台精选出来的品牌，对于我们的账号等级也有要求，通常我们的创作等级不能低于 LV8，同时我们接品牌任务的报价不能低于平台给出的最低报价。

7.3.2 今日头条

今日头条是一款基于数据挖掘的推荐引擎平台。

（注意：关于养号的问题，各平台的养号策略基本大同小异，我在介绍知乎的时候，详细地说到了怎样去养号，那些技巧也同样适用于其他的平台，所以这里不再赘述。）

今日头条最为人津津乐道的要数它独到的算法了，简而言之，就是今日头条可以利用它的算法，将我们的内容精准地推荐给定位用户。那么，目标用户越多，我们的推荐范围就越大，点赞评就越多，流量也就越大。

所以，不管是涨粉还是变现，我们都要基于今日头条的这种推荐机制去考虑，这也是今日头条的特色。

1. 今日头条涨粉技巧

今日头条有如下涨粉技巧。

（1）内容为王

我在说到每一个平台的涨粉技巧时，都会提及优质内容的问题。今日头条依然是一个重视优质内容产出的平台，并且，想要通过今日头条的原创认证，我们必须满足以下几个条件：

第一，开通头条号满 30 日。

第二，发布的内容中，原创的比例占总内容的 70% 以上。

第三，30 日内，我们的内容显示"已推荐"标识的超过 10 篇。

第四，账号没有违反平台的任何规则。

当我们的内容满足以上要求时，就可以通过设置账号状态进行申请。

值得注意的是，这个原创标识跟内容的数据关联性不太大，有的同学写了许多八卦类文章也能获得比较高的推荐，但申请原创标识却未通过，这就需要考虑内容是否优质了。

内容越优质，通过原创申请的可能性越高，写作者吸粉能力就越强。

（2）微头条

微头条是类似于发布微博的一种功能，可以带各种各样的话题，也可以直接写一篇与自己领域相关的内容，基于今日头条特殊的算法，我们的微头条也能获得许多的推荐。

相对于文章内容，微头条对于领域的要求比较宽松，对于账号的垂直度影响也比较小，但同时，微头条又是一个十分好用的涨粉利器，带来的粉丝量甚至能超越一篇优质文章。

这里有几个涨粉的小技巧分享给大家：

第一，微头条内容要轻松接地气，紧跟热点话题。

第二，内容最好有些争议性，引发用户讨论。

第三，微头条末尾，用一些引导语吸引用户关注你的账号。

（3）精准定位

定位越精准，我们吸引的粉丝越精准。

什么叫精准定位呢？

有的写作者在进行定位的时候，常常是选择某一大类的定位，比如定位为一个美食账号，这个定位就有些笼统，因为做美食的账号实在是太多了，我们现在开始做，一是很难再超越，二是同质化太严重了。

如果我们这个时候给自己的定位是美食当中的面食制作达人，这个定位就精准了很多，那么吸引来的粉丝也必然都是对面食感兴趣的用户。

（4）悟空问答

悟空问答跟知乎的互动方式是很像的，只是推荐机制和算法上可能会有所差别。

既然模式相似，那可以肯定的是，悟空问答的涨粉效果是很好的。

关于怎样选择要回答的问题，我也整理了几个技巧分享给大家：

第一，回答问题时，要尽可能地让内容更加专业。

第二，选择没有过期、收藏量高的问题回答。

第三，选择用户关注度高，热度也高的问题回答。

第四，选择和我们的账号定位相关的问题回答。

2. 今日头条变现方式

在今日头条上，普通的账号和优质大 V 的账号收益是有着很大差别的，而普通的账号在通过原创认证之前和之后的收益也有差别。

比如同样是 1 万的点击率，在通过原创认证之前，收益大概为 3~8 元，通过原创认证之后，收益就变成了 10~25 元了。

所以拿到原创，成为优质大 V，是我们做这个平台的第一目标。

那么，今日头条都有哪些变现方式呢？

（1）广告分成

广告分成就是指在我们的文章内插入广告，当有用户阅读我们的内容时，就会相应地产生广告收入。这个收入跟我们内容的阅读量有着直接关系，阅读量越高，广告的分成收入也就越高，所以我们要着重去考虑这个平台文章的风格，以及爆款文章都具备了哪些爆点，以此来修正自己的文章。

（2）图文卖货

图文卖货类似于知乎的好物推荐这个功能，大家只要知道这是可以在文章里插入购物链接的一个功能就好了，只是想要开通商品卡这个功能，需要我们的粉丝量超过 1 万。开通这个功能后，用户通过我们在文章或者微头条里提供的购物链接购买商品，我们就能获得相应的佣金收入了。

（3）悟空问答

在悟空问答里回答问题，我们可以获取收益，但前提是我们需要先开通悟空收益这个功能，一般有两种方法可以开通：

首次登录的新账号在粉丝数满 1000 后，就可以申请开通了。

对于非首次登录的账号，则需要每天坚持回答问题，获得官方的审核和评定后，再由官方邀请开通，时长为30天左右。

开通悟空收益之后，我们就可以"答题领现金"或者"回答得红包"了，一般我们回答的问题获得流量越多，我们的收益越高。

（4）付费专栏

付费专栏可以发布一些图文或者视频内容，我们可以自己设定价格，用户想要查看付费内容，就需要点击付费，使我们获得收益。

付费专栏的开通也需要一些条件：

第一，需要我们的账号已经拿到图文或者视频原创标签。

第二，要求我们的账号从注册开始，没有任何违规的记录。

（5）圈子变现

圈子是今日头条推出没有多久的功能，其形式类似于社群，粉丝满10万人之后，我们就可以开通圈子功能了。

我们可以自己定价格，让粉丝付费加入，也可以通过圈子卖课、组织学习打卡等。

怎么才能让更多的粉丝加入我们的圈子呢？第一，粉丝量不断提升；第二，要有干货。总之，只有粉丝相信我们有真东西，他们才会信服我们，并愿意对我们的知识或产品进行付费。

7.3.3 微博

微博也就是我们所说的新浪微博，在所有的平台运营当中，我认为微博的运营是相对简单的，主要是因为微博的注册及内容输出的形式相对简单，能够大大地节省我们的精力，是较低投入、较高回报的一个平台。

所以，我们构建多平台矩阵的时候，当然少不了新浪微博。

1. 微博涨粉技巧

与其他的平台相比，微博的涨粉是比较容易的，比如，你新注册了一个账号，可能过不了几天，你就会发现自己的账号上多了几个粉丝。

但这些粉丝，通常是没有什么用的。

什么意思呢？就是说，这些粉丝对于我们来说是最难引流变现或者根本无法进行引流变现的粉丝，这些粉丝要么是僵尸粉，要么就是互关粉。

我们经常能够收到一些涨粉广告，说100块钱能帮助我们涨多少粉，我是不建议大家去花钱买粉的，这些粉丝除了能让我们的粉丝数变得好看，没有任何的用处，还容易被平台发觉，把我们拉黑。

那么，我们应该如何做，才能有效增加优质粉丝呢？那就要从以下几个方面努力。

（1）内容优质

我依然建议大家要以内容为主，只有好的内容才是我们做新媒体的最大资本。这一条在任何的平台上都是通用的。

微博也需要领域垂直，内容优质。内容越优质，平台倾斜的资源就越多，而微博现在也提供了许多创作工具，我们可以通过长微博或者是文章的形式进行内容输出。当然也可以上传小视频，我们在这里不多做讨论，就重点说一说长微博和文章的差别。

微博的整体环境是泛娱乐化的，用户更注重实时的沟通交流，快速的信息更迭也养成了用户们快速浏览的习惯，这也让微博的用户更偏向于去看那些看点十足的长短微博，而长篇文章的浏览量要远远低于长短微博的浏览量。

所以我们在进行内容输出的时候，要充分地考虑到这一点，以长短微博为主，文章等形式为辅。

在更新频率上，长短微博搭配，更新要频繁，以此来满足用户实时获取新内容的心态，所以即便是不输出干货的时候，我们也可以通过微博多多地分享一些自己的生活动态和感想，这不仅能大大地提升我们账号的活跃度，也能让用户更快地熟悉和适应我们的节奏，与我们建立起情感联结。

（2）善抢热门

微博热搜也是实时更新的，一个话题上热搜之后，必定能带动无数的流量，那么抢热门就成了一个获取大流量的捷径。

这个热门就包括了很多种，比如热门前三、热门转发、热门评论等，而我们的账号在热门区越是靠前，流量就越大。但我们发了一条微博后，会发现这条微博很快被淹没了，很难出现在前三的位置，而前三的位置恰恰又是流量最大的地方，这个时候就需要我们有一个实时号。

实时号与普通号最大的区别就是，实时号可以上精选、上热门文章、上热门前三，但只有在综合区出现的才是实时号。

这就涉及怎样去养实时号的问题，也就是我们下面要讲到的技巧。

（3）提升权重

实时号是可以养的，简而言之，提升我们账号在微博的权重就可以了。

那么，怎样提升我们账号的权重呢？

• 内容原创

保证内容原创是养号的第一要素，只要内容优质，那么不管是什么平台的账号权重都能得到很快提升，同时，推送内容要尽量保持在同一时间。

• 不要盲目蹭热度

想要提升阅读量，蹭热度是不可避免的，但要注意分寸，并且即便是蹭热度也要以优质内容为主，且一周一次就够了，次数过多反而会对实时号有影响。

• 不要让账号有风险问题

一旦平台识别你的账号存在风险，就会降低你账号的权重，所以我们要尽量地让账号在同一个地方登录，比如同一部手机或者同一部电脑。

- 克制转发数量

过多的转发对于我们养号来说也是很不利的，所以，大家在养实时号期间，尽量不要去转发内容。

当我们养出实时号之后，我们就可以通过抢占热门来获得流量涨粉了。

（4）其他方法

除了以上招数，微博涨粉还有一些捷径和技巧，比如，通过跟大V互动，让大V转发我们的微博来获得流量，或者通过其他平台引流来进行微博涨粉。

归根究底，还是我们在做这个账号之前，首先要想清楚我们的个人定位及做这个账号的目的，这样我们才能有计划、有目的地去运营我们的账号。

2. 微博变现方式

我们获取流量的最终目的都是变现。

除了将这些账号里的粉丝引流到我们的私域流量池进行变现，我们要怎样利用平台来获取更多的收入呢？

（1）微博创作者共享计划

微博创作者共享计划类似于公众号的流量主功能，一般会出现在我们的微博下方，有人来浏览我们的微博，如果点了这个广告，我们相应地就能获得一些收入。

获得这份收入不需要我们去花费多少精力，钱虽然不多，但也总比没有强，但想要获得，还得满足一个条件，就是必须开通微博创作者共享计划。

申请微博创作者计划需要满足以下条件：蓝 V 或者个人账号粉丝≥10000，并且上月阅读量 >100 万。

（2）开通 MCN 资格

MCN 简单来说就是内容创作者的经纪人，就好比明星的经纪公司。有了 MCN，就可以由 MCN 去对接广告，然后植入账号的内容里，从而帮助双方都获利。

由于在微博开通 MCN 资格需要注册公司，以及拥有一定数量的微博账号主等条件，在我们构建平台矩阵初期，也基本不会使用到，这里暂且不谈。

（3）第三方平台合作

我们还可以跟第三方平台合作，去完成第三方平台分发的任务从而获取收入，常见的第三方平台有猪八戒、任务中国、一品威客，等等。

（4）V+ 会员

这是个知识付费的功能，类似于知乎 Live。只要我们专注于优质内容输出，在各大平台做知识付费也不是一件很难的事。

开通这个功能需要的条件跟共享计划一样：蓝 V 或者个人账号粉丝人数≥10000，并且上月阅读量 >100 万。

（5）其他变现方式

内容打赏、软文广告、付费点赞转发、电商导购、微博问答等方式，都可以帮助我们获得收益。

7.3.4 微信公众号

微信公众号（简称公众号）不仅仅是我们要打造的重要的矩阵平台之一，同时还是我们搭建私域流量池必不可少的一环。

我们从各大平台所获得的流量，最终都要导入我们的公众号或者微信号，所以公众号的运营至关重要。

现在的公众号打开率大不如从前了，但是真正的好内容，还是有市场的，比如，中医博士罗大伦的公众号，不管公众号打开率怎么变化，但每当我需要学习一些中医知识的时候，都会去罗大伦博士的公众号里搜一搜。

所以做内容、做好内容才是新媒体存活的根本。

1. 公众号涨粉技巧

公众号有如下涨粉技巧。

（1）转载互推

找跟自己领域相近的公众号，然后甄选好的内容，进行转载互推。这样做，一来能帮助我们充实公众号内容；二来可以提升我们公众号的打开率和阅读量；三来可以从对方的公众号里获得涨粉机会，同样我们的公众号也能帮助对方涨粉，互惠互利。

（2）引导互推

这个也很简单，就是我们找到比较优质、粉丝较多的公众号主，通过协商或者合作，让其在文章内容里直接推送我们的公众号。当然首先需要我们确保我们的公众号能给对方的用户带来一些有用的内容，且跟对方公众号的定位具有一定的相关性，这样能达到很好的引流效果。

（3）裂变涨粉

准备一些免费的资源，如电子书、学习资料或者跟我们的领域相关的一些干货，只要是关注公众号的都可以免费赠送。也可以利用一些小技巧，比如分享赠送、点赞赠送等方式来获得更多的曝光机会，吸引更多的用户关注。

（4）领域互补

找到一些跟我们领域互补的账号，与之结成联盟，比如我的垂直领域是写作，那对方就可以是专门提供投稿渠道的公众号，两者结合，往往能起到很好的引流效果，同时也不会导致自己的粉丝流失，可谓两全其美。

（5）分享涨粉

分享涨粉是十分直接的涨粉方式，但其根本是我们能够写出让受众主动分享的文章。我们前面也举过爆款文章给公众号带来巨大关注量的案例，所以除了研究怎样写出爆款文章，在文章内，我们也要有效地引导受众关注转发。

（6）渠道引流

这也是我们构建多平台矩阵的目的，可将各个平台的粉丝都引流到我们的公众号内。

渠道引流是能够有效地帮助我们迅速积累粉丝的最好办法，可以在很短的时间内，就让我们获得极大的粉丝流量，只要我们在其他平台的运营不停止，那么就会有源源不断的粉丝流入到我们的公众号内。

（7）线下涨粉

线下涨粉的方式有很多种，我们可以通过做活动赠送小礼品的方式引导涨粉，也可以通过一些地推的方式，引导关注涨粉，等等。大家不妨参考一下许多微商地推的做法，用在我们公众号涨粉上。

2. 公众号变现方式

公众号可以通过以下方式变现。

（1）硬广软广

硬广的推广文案由广告客户提供，软广则是指我们自己来写推广文案。软广的价格大于硬广。报价的方式也有两种，一种是根据阅读量来定价，另一种是一口价，约定好一条广告多少钱。这两种方式各有优劣，内容打开率相对较低的写作者选择一口价的报价方式更有利。

（2）流量主

流量主跟头条号的图文广告植入方式类似，都是一种通过点击来获得收益的方式。流量主只要粉丝大于500个就可以开通了。流量主被称为最不用操心的、特别轻松的一种变现方式，一个点击可获得几毛钱到1元钱的收入，点击越多，收入自然也就越高，特别大的账号，一篇推文单是靠流量就能获得上万元的收益了。

（3）粉丝打赏

我们推送了一篇文章后，粉丝如果喜欢文章可以对文章打赏，金额由粉丝自己来决定。这部分的收入，对于粉丝还不多的公众号来说，是比较微薄的。

（4）带货变现

淘宝有一种口令链接，只要复制这个链接，打开淘宝，就可以直接购买相应的产品。

现在有很多的公众号，是专门推荐衣食住行、吃喝玩乐方面的消费选择的，他们在图文里附上口令链接，大家就可以直接复制链接进行购买了。

这个方式也可以跟其他的平台灵活结合，大家可灵活使用。

（5）分销课程

简而言之就是通过自己的公众号去卖别人做的课程，粉丝通过我们的链接来购买课程后，我们就会获得一定的佣金收入。

需要注意的就是把控课程质量，以免破坏自己的公众号口碑。

（6）知识付费

知识付费包含了许多的种类，比如教画画、配音、PS技术、写作、理财、新媒体运营，等等，五花八门，大家可根据自己的定位进行选择。我有个朋友是专门写未解之谜的，一篇文章几千到上万字，定价1元，因为内容精彩，善抓人心，收益不错，日收入在几百元到上千元之间。当然，前提是要有一定的粉丝基础。

（7）其他方式

公众号的变现方式远不止于此，大家可以多开脑洞，在不违反平台规则的情况下，进行多维度、多方式的变现。比如卖服务、做广告策划、分销电商、专栏变现、课程变现（自己做课程）、项目变现，等等。就算是大家不想要这个号了，也可以通过卖号变现，一般一个粉丝一元钱，有留言功能的，价格更高。

7.3.5 小红书

小红书简而言之就是一个种草平台。什么是种草呢？就是一群人把自己觉得好的东西推荐给其他人，让其他人因此产生了购买的欲望，或者直接购买产品。

之所以将小红书放在最后讲，是因为小红书对于一些类型的创作者是不太适用的，如专注娱乐的创作者、专注体育的创作者等。为什么呢？

首先，小红书是一个80%的用户都是女性的平台，这个平台更注重吃喝玩乐和衣食住行的分享，所以我们首先要确定这个平台与我们的定位是否相关。如果是相关的，那么小红书是一个值得强烈推荐的平台；如果是无关的，那么这个平台也就没有去做的意义。

1. 小红书涨粉技巧

小红书有如下涨粉技巧。

（1）养好账号

小红书最大的一个特点就是注重账号内容的真实性，比如，我想给大家种草一款护肤品，那这个护肤品必须是我真的用过，且使用效果特别好的，只有这样，我们的内容对于用户来说才是有价值的。而如果我是一个营销号，我推荐这个产品只是为了打广告，用户无法获取到真实的使用感受，我的这个内容就成了一条垃圾广告了。

所以养号的前提是：首先，我们的账号的内容都是源自真实体验的且原创的内容；其次，在养号期间，一定不要打广告，以免被平台识别成营销号。

（2）内容生活化

我们的内容要接地气、生活化，形象好的创作者还可以发布一些自己的照片，吸引用户的关注。内容生活化，真实感更强，也更容易被小红书的用户接纳。

同时，我们在进行内容分享时，也要注重描写自己的使用体验和使用效果，并且要把使用过程、操作方法都尽可能地写详细。

通常内容越详细，对用户帮助越大，我们获赞涨粉的速度就越快。

（3）标题、配图、简介要吸睛

一篇笔记，用户最先看到的通常都是标题、配图和简介，所以这几点我们要下大功夫，要让用户一眼看上去就有一种干货满满的感觉，配图数量不要低于4张，文案要条理分明，点清楚核心内容。

2. 小红书变现方式

因为小红书是个专注种草的平台，所以它的变现方式没有其他平台那么复杂，一般就是广告＋带货，粉丝越多，商业价值就越高，我们获取的收益就越高。小红书的变现方式主要有以下两种。

（1）广告

广告变现也分两种，一种是广告主联系我们，给出一个报价，粉丝越多，报价越高。还有一种是由官方牵头的品牌合作，万粉以上就可以开通了，这种广告报价一般都比较高。

（2）带货

直播带货这种形式大家应该不陌生了，就是通过直播来卖商品，有一定粉丝基础的博主通过直播变现是比较容易的，收益也不低。

7.3.6　阅文／番茄／掌阅等网络交易平台

说起网络作家，看过网络小说的人应该都不陌生了，许多知名的影视剧作品，都是从网络小说改编而来的，比如《甄嬛传》《琅琊榜》《花千骨》《盗墓笔记》等。网络小说的蓬勃发展，也给网络作家们带来了很多的变现机会，小说付费兴起之后，网络作家的收入也开始不断地递增,从年入十万元到年入千万元,更有甚者,年入过亿元。

许多热爱写作的人,都想通过创作网络小说,像那些成功的网络作家一样名利双收,但在那之前,我们首先得成为一名签约作家。

1. 网文平台涨粉技巧

好故事是网络小说的核心,但在当下的网络环境下,想要获得更多的粉丝,作品的宣传是必不可少的。最好的办法就是跟网站签约,由平台对我们的作品进行运营推荐,从而获得更多的读者。

那么,怎样才能快速地积累自己的粉丝呢?

(1)研究平台喜好

很多写作者会出现盲目投稿的情况,或者是注册了作者账号,就一味埋头写作,这是很不好的习惯。

不同平台的读者有不同的阅读口味,比如云起书院的读者和晋江文学城的读者口味就有很大的不同,我们在选择一个平台之前,应该先去分析这个网站读者的喜好,看一看自己的写作风格是否适合,或者自己能否去迎合这个平台读者的喜好。

最好的办法就是去扫榜,也就是去看这个平台的热文排行榜。

热文排行榜基本代表着这个平台上读者最喜欢的作品类型,也是成绩最好的那一部分作品。根据排行榜,我们不仅能分析出这个平台的读者喜好,还能分析出爆款作品所具备的特点。

（2）联系编辑内投签约

签约后我们的作品才能得到平台更多的曝光，有曝光才能吸引到更多的读者，所以我们的首要目标就是拿到签约合同。

我们的作品有没有潜力，值不值得网站签约，编辑才是最清楚的，如果我们自行在平台上发表了作品，结果等了很久都没有等来签约的通知，不仅会浪费时间，而且写作热情也会受到打击。所以，最好的办法就是直接去找编辑内投，适不适合签约编辑会直接给你答案，同时编辑也能给出一些修改意见，节省时间且高效。

在给编辑内投稿件时，大家需要注意以下几点：

第一，在往编辑邮箱内投稿时，要将大纲、正文内容放在 Word 文件中，将其以附件的形式附在邮箱内发送，邮件名记得标注投稿意向、笔名、书名，邮件内注明联系方式。

第二，正文内容注意分段分章，字体使用默认字体或者宋体字就好，内容看上去要干净整洁，注意避免错别字。

第三，注意稿件在没有收到答复之前，不要一稿多投。跟编辑沟通的时候，要有礼貌，尽量不要耽误编辑太多时间，询问的时候，直接说明自己的问题。

（3）签约后保持日更，维系粉丝

日更是作为签约作家最基本的素质，想要让粉丝一路跟读下去，那么保持每天的更新是必须做到的，这样不仅能维系粉丝，也能给编辑留下好印象。

对于更新量，阅文系的这些平台，在没有上架[1]之前，最好保持每次不低于4000字，出现断更容易影响自己的推荐机会。

当我们积累了一定的粉丝之后，可以建立一个粉丝群，将粉丝拉入群内，这些粉丝就直接地成了我们的私域流量。

通过小说创作吸引来的粉丝跟其他平台吸引来的粉丝是有很大区别的，大家需要充分考虑到粉丝的不同属性。如果你想要将粉丝群跟新媒体变现有效地结合起来，那么打造个人IP会是最有利的一种方式。

2. 网文平台变现方式

（1）稿费

赚取稿费是网络作家最主要的变现方式了，尤其是新媒体时代，网络小说兴起，VIP章节付费就成了网络作家们的主要收入来源。

稿费的形式也很多样，比如章节付费、包月费、海外电子书付费，等等。

获得稿费的方式也很简单：作品签约之后，我们的作品就可以上架收取费用了。

（2）全勤费

---

[1] 上架：指网络文学作品进入付费状态。网络文学作品刚上线时通常是免费状态，通过推荐来获得追读的读者群，在更新了一部分章节后，会进入付费状态，进入付费状态即作品"上架"。

全勤费一般指网站给予签约作者的福利，大部分网站对全勤的要求，都是不低于 4000 字 / 天，一个月内，不能出现断更行为（有请假条除外），满足这些条件，我们就可以拿到全勤费。

得到全勤需满足两个要点：

第一，作品必须是签约作品。

第二，作品不能出现灌水、抄袭、违反平台规定等行为。

（3）打赏

现在各网络文学平台都有打赏功能，只要有读者给我们打赏，我们每个月就能获得相应的分成收入，对于读者基数很大的作家来说，这部分的收入是十分可观的，几十万元的打赏额也是有的，对于普通的作者来说，这部分的收入，每个月能有几百元就很不错了。

除了打赏，还有一种叫作月票的东西，读者订阅作品就可以获得月票，每个网站对于月票榜前十的作品都有着不同的奖励措施，有的是金钱，有的是荣誉，不管哪一种，也基本都是读者基数很大的作家专享的东西，所以创作出好作品才是王道。

（4）衍生版权开发

作品的版权是 IP 开发的重头戏，不管是收益还是名气，都能通过对衍生版权的开发而大增。

一部作品的著作权收益通常包括了出售影视版权、海内外有声版权、动漫改编权、游戏改编权、漫画改编权等带来的版权收益，每一种形式都能给作家们带来一定的收益，这种收益一般有两种方式：

第一，买断方式：就是对方直接给出版权费，将我们的版权买断，或者买下一定年限的改编权限。

第二，分成方式：这种形式常见于网剧或者网络大电影，意味着作者要承担一定的风险，收益多少跟后期改编出来的作品成绩相关，但作者可以把握住部分的版权。

3. 主流网文平台推荐

（1）阅文平台

旗下包含起点中文网、云起书院、潇湘书院、红袖书城、小说阅读网、言情小说吧，等等。

（2）掌阅平台

旗下包含掌阅小说网、红薯网、趣阅网、书山中文网、神起小说网，等等。

（3）今日头条平台

番茄小说网。

（4）百度平台

纵横中文网、花语女生网。

（5）晋江文学城。

第8章　搭建私域流量池

● 8.1　私域流量池

8.1.1　什么是私域流量

在讲如何搭建属于我们自己的私域流量池之前，我们先来讲一讲，什么是私域流量。

有私域流量就有公域流量，外部一切可以给我们带来流量的地方都可以称为公域，而私域流量则是指完全属于我们的、不被人左右的、不受平台影响的流量，只要我们想用这些流量，就随时可以使用。

比如，我有一个账号，粉丝有50万，突然我违反了平台的规则，平台直接把我这个账号给封了，那我这50万的粉丝就相当于凭空消失了。

如果我自己有一个微信群，这个群可以容纳50万的群成员，就算我在某个平台上的号被封了，可我的微信群还在，且我随时随地可以在群里一呼百应，那么这个微信群就是我的私域流量池，这50万的群成员也就是专属于我的私域流量了。

我上一章详细地讲到了如何打造多平台矩阵，目的就是从这些平台上将公域流量引流到我们的私域中，使其成为我们的私域流量。

那么，渠道搭好了，我们要怎样建立我们的私域流量池呢？

8.1.2 打造私域流量池

想要打水，首先得有储存水的容器，就好比我们想要引流，首先得考虑流量要往哪里引，又利用什么工具来储存这些流量。

所以，打造一个合适的流量池就成了关键。

1. 选择一个工具

我们在任何平台的账号，都会受到来自平台的约束，如果被举报或者不慎触犯了平台规则，我们就可能被封号或销号。

找到一个不会被轻易封掉或销掉又相对私人的工具，对于我们打造私域流量池来说就成了关键。

目前来看，最好的工具应是微信或者QQ。

首先，这两个工具用户群体十分庞大，拿微信来说，日活已经超过八亿，而QQ同样也拥有着庞大的用户群体，所以，作为日常跟用户沟通的媒介，微信和QQ基本能满足我们的需要。

其次，微信和QQ也更加私人化，轻易不会被封号冻结，因此这两个工具，都可以作为流量蓄水池。

将公域流量导入我们的个人号里，就能实现将公域流量转变为私域流量的目标。

2. 建立流量过滤系统

我们都知道，微信好友数量是有上限的。当我们的微信好友达到了上限之后，其他的流量就无法再继续导入了，但我们却不能保证每一个好友都能达到变现的目的。如果有一个好友在你的微信号里，占据着一个位置却又不说话，跟你又不熟，也不能通过他来进行变现，删了又很不好意思，这个时候我们就会很尴尬了。

为了避免这种情况，我们就需要建立一个流量过滤系统，通过这个系统来进行流量的层层筛选，最后选择出最适合也最优质的用户。

那么，怎样打造一个流量过滤系统呢？

（1）漏斗原理

漏斗原理就是通过漏斗将公域流量最后导入瓶子里，只不过我们的漏斗是加了滤芯的。

比如，我们将这个滤芯分为三层——

第一层：外部平台，也就是我们说的公域流量。

通过这些平台，我们吸引了关注和流量，让游离在公域的用户跟我们产生了关联。

第二层：微信公众号。

微信公众号就属于我们私域流量的范畴了，平台号到微信公众号已经帮我们过滤掉了一批无效粉丝，自然微信公众号的粉丝相对更优质，大大减少了僵尸粉的数量。

第三层：个人号。

通过公众号，我们可以推广我们的变现产品，然后再将付费用户精准过滤到我们的个人号里。

漏斗原理能够重塑我们的私域流量，让私域流量更加优质。

（2）付费模式

付费模式是最有效的对流量进行过滤的方式。

现在的许多平台，都会推出一些变现工具，比如知乎的付费咨询、头条的付费阅读，通过这些变现工具对那些已经有过付费行为的用户进行引流，会让引流过程变得更加高效。

但也有些需要注意的地方，比如许多平台是不允许明目张胆地进行引流的，稍不注意，就有被封号的危险。

我们在对用户进行引流时，务必采取不会违反平台规则的方法，比如私信，或者通过隐晦手段宣传自己的联系方式。

3. 私域流量池的打造

首先，我们个人号的好友上限是无法更改的，除非平台调整这种上限，但这不在我们的控制范围内，所以不必多想。

在有限的好友名额内，我们无法做到让这个私域流量池扩容，但如果我们的付费用户越来越多怎么办呢？

（1）多注册几个微信号

这是个比较笨的方法，但也是最实用的方法。

一个个人微信号不够用，那我们就多注册几个，无非是多办几个手机号的问题。

但这也存在着明显的弊端，同时操作几个微信号对精力的消耗会成倍地增加，我们还要同时运营许多的平台，而一个人的时间和精力又是有限的，这是我们必须权衡考虑的。

（2）建立社群

建立社群，将付费用户再次进行分组。

这是一个十分高效的模式，我们会在下面的内容里重点讲解如何建立自己的社群。

（3）组建团队

当我们涉及的东西越来越多，工作量也越来越大时，这些工作开始严重地超出了我们的承受能力，那么组建团队就势在必行了，那又是另一个课程了。

在变现初期，相信第一点和第二点就足够大家使用了，所以这里不做深入讲解。

8.1.3 打造个人品牌是最好的私域流量引流手段

我认为变现的本质是信任交易，而让用户产生信任最好的方法就是打造个人品牌。

这个很好理解，比如我们购买一款产品，基本都会选择知名品牌，如果某个不知名的品牌冒出来，那消费者就会对这个产品产生质疑：这是个杂牌子吧？质量行不行？售后服务好不好啊？

这就是品牌带来的影响，消费者认可知名品牌，不管其他品牌的质量如何，他们都不会轻易冒险尝试。

所以，打造个人品牌是我们最好的私域流量引流手段。

想要打造个人品牌说到底就是要建立我们同用户之间的信任关系。

那么，怎样才能让用户对我们产生信任感呢？

1. 专业

任何时候，专业的东西都更能让人产生信任感，因为这种认可，许多专家纷纷做起了自媒体。

我们当然不能做那种空有名头的专家，而是应该夯实自己的专业，不管何时何地，都能给用户一个满意的答案。

下面分享三个让你看起来更专业的小技巧。

（1）干货满满

一篇文章想让用户认可，不能夸夸其谈，只有往内容里放更多的干货，让用户有足够的获得感，读者才会发自内心地认可点赞。

让文章充满干货最好的办法就是在构建大纲时，把不同的重点在大纲中进行排列，然后再往大纲内填充内容。需要记住的是，这些内容必须围绕那些重点去写。

（2）举实例

有的时候你说得天花乱坠，但还是不能让用户信服，毕竟口说无凭。这个时候，真实的案例往往有着非同寻常的效果。

比如理发店为了证明自己的水平和技术，就会贴上一些模特的照片，顾客往往会被照片上的发型吸引，从而选择尝试。

我在举这个例子的时候，大家是不是对我说的内容也产生了信服感？这就是举实例所带来的效果。

（3）客观理性

我们在论证一件事情的时候，一定要让自己表现出客观理性的一面。在人们的观念里，只有客观理性的人才能站在正确的角度去解决问题，偏激的言行会让理念不同的人产生质疑。

2.共情

写文章需要共情，我们获取用户信任也需要共情的理念。

站在用户的角度，从他们的痛点出发，能让用户产生一种被理解的感觉。任何一个人，在被理解的时候，都会本能地对理解者产生信任感。

共情是成本最低的一种手段，当然，我们需要从内心产生这种想法，才能发自肺腑地让用户产生共鸣。

这里给大家分享几个提升共情感的句式：

（1）多用"你的想法是……因为……""你难过……因为……""你烦恼……因为……"之类的句式。

这类句式能迅速地让你跟你的用户站在同一战线，迅速拉近你们的距离，同时又给他们的情绪找到了合理的发泄口，从而引起共鸣。

（2）多使用"我理解……"这种句式。

当我们开始使用"我理解"这种句式时，就意味着打开了跟用户沟通的大门。用户感觉到自己的情感被尊重，就会对我们产生信任感。

（3）多使用"需要我为你……"这种句式。

人在情绪低谷的时候也是最无助的时候，此时最渴望的就是别人能向自己伸出援手，所以我们在打咨询电话的时候，经常能听到客服说"需要我为你做点什么吗？"这种句式。在文章中，这种句式也能表达出对用户的真诚。

3. 真实

互联网的发展让信息量呈现爆炸式的增长，信息的堆积让用户们越来越难辨别消息的真伪，他们迫切需要有人发出真实的声音，帮助他们躲避雷点，做出正确的选择。

那么，我们要通过哪些方面来真实发声呢？

（1）真实经历

真实的经历是最能打动人的。我们时常在电视上看到一些卖药的广告，这些广告常会找一些患者来讲这些药的效果，如果观众跟这些患者一样经历着痛苦，在看到这些患者"现身说法"后，就很可能会下单购买。

（2）真实感受

现在"带货"这个词很是火爆，也正是"带货"让一批又一批的网络红人获得了巨额财富，实现了财务自由。

带货人对商品使用的真实感受，也是激发客户购买的重要元素之一，比如小红书笔记最初之所以受到广大用户的追捧，更多的是因为这些笔记是建立在真实使用感受的基础之上的。

(3) 真实研究

我有个朋友,她对护肤品的成分研究得很透彻,因此,她在购买护肤品的时候,从来不会踩雷,听她讲起成分的时候,更被她一大串一大串的专业术语说得心服口服。所以她身边的许多亲人朋友在购买护肤品的时候都喜欢找她来推荐。

这种信任,就是基于真实研究产生的,大家认为她经过研究后选出来的肯定不差。

8.2 如何进行粉丝裂变

裂变用最通俗的例子来说就是细胞分裂的过程,说得哲学一点就是一生二,二生三,三生万物的过程。

粉丝裂变就是粉丝从一到多的过程。

粉丝裂变是对私域流量的一次升级和开拓,通过粉丝裂变,我们能将我们私域流量的规模进行扩大,以此来为变现源源不断地提供动能。

8.2.1 粉丝裂变的好处

我们在讲如何进行粉丝裂变之前,先来讲一讲粉丝裂变都有哪些好处。

1. 节省获客成本

我们可以从分析拼多多的营销方式入手。

许多互联网平台都在为获取用户而伤脑筋，对于互联网平台来说，用户才是根本，所以拼多多搞出了一种病毒式的营销，通过不同的拉新手段获取巨量的用户，继而逆风翻盘，获得巨大成功。

现在，我们随便打开抖音、淘宝及各种五花八门的 App，都不难发现拉到新用户就能获得一些"好处"的"拼多多式"的推广方式。这种方式被如此追捧是跟获客成本有着直接关系的。

随着获客的成本越来越高，这种裂变方式反而能够最大限度地节省成本获得流量，这种手法就是一种披了电商外衣的"粉丝裂变"。

2. 帮助涨粉

拉新的过程其实也就是涨粉的过程，一个人拉十个人，十个人再各拉十个人，从而形成庞大的裂变规模。

我们通过多媒体矩阵和漏斗原理已经筛选出了种子用户，有了种子用户也就有了粉丝裂变的基础，那么接下来进行粉丝裂变，就会变成一个常规化的、源源不断吸纳新的流量的良性机制。

我们还拿拼多多来举例，2018 年拼多多财报披露，拼多多全年增长用户高达 1.737 亿人，而 2019 年 6 月底，拼多多活跃买家数高达 4.832 亿人，同比增长 41%。从数据上来看，拼多多用户增长堪称"暴力"。

裂变机制让拼多多逆风翻盘，到 2020 年，拼多多市值超越阿里巴巴，高达 900 亿美元。

拼多多的成长给我们塑造了一个鲜活的、成功的粉丝裂变案例，所以粉丝裂变也被称为"粉丝暴涨机器"。

3. 掌握财富密码

在这个什么都讲究流量的时代，掌握了吸纳流量的方法就等于掌握了财富密码。

我想举一个典型的案例：

2018 年，支付宝举行了一个抽奖活动，中奖者可以获得极其丰厚的超级大礼包。这条微博一经发布，狂吸了 300 多万的转发量。

最终，一个名叫信小呆的微博用户幸运地成为中奖者，被网友羡慕地称为"中国锦鲤"。

信小呆从一名默默无闻的普通人，一瞬间被巨大的流量冲向了热搜第一名，也瞬间吸粉几十万，一跃成为网络红人。

那之后，信小呆几乎成了幸运的代名词。

按照新媒体思维，接下来的信小呆就开启了一段辉煌的变现历程，有流量、有粉丝、有关注，只要稍微懂一些新媒体知识，将"信小呆"这个名字打造成个人 IP，不难想象迎接她的将会是下一个人生巅峰。

然而，事与愿违。

信小呆并没有走上令人羡慕的下一个人生巅峰，反而在 2020 年 9 月 9 日，因在微博违规抽奖被罚禁言 3 个月。

我们可以看出，信小呆想要再一次通过抽奖的方式来进行粉丝的二次裂变，但很遗憾，她失败了。

如果信小呆曾经了解过一些新媒体的知识，懂得怎样进行内容输出，怎样打造个人 IP，怎样去维护粉丝，或许就是另一种局面了。

与之完全相反的则是我的一个在新媒体行业工作的朋友。

她通过分享美食，在微博上获得了第一批粉丝，而后通过赠送自制小零食的方式引流，将粉丝导入到她的私域流量池，在短短的 3 天之内，就狂揽了 3 万粉丝，很快做起了自己的小品牌，日子过得有滋有味。

8.2.2 粉丝裂变的根本原理

我们懂得了粉丝裂变的含义，但粉丝裂变的根本原理是什么呢？

为什么我们在进行宣传或裂变的时候，能够达到吸纳用户的目的呢？

拿拼多多来说，那么多的用户，到底是依靠着怎样的原动力来进行粉丝裂变的呢？

我深挖研究发现，其根本的原因，无外乎以下三点：

1. 有好处

"有好处"三个字，完全利用了人们的贪婪心。就好比我刚才提到的我那个朋友进行粉丝裂变的案例，她通过赠送自制小饼干来满足人们想要占便宜的心理，只是关注一下她的账号，就可以免费获得一份包装精美、口味绝佳的小饼干。而用户们实际上付出的只有一点点的时间，这对于用户们来说，是性价比很高的交易。所以，我的朋友获得了成功。

事实上，拼多多也利用了人们的贪婪心。

我们常会收到砍价的邀请，点进去之后，就会发现自己领到了很大一笔红包，且这笔红包只差几十元钱甚至几元钱，就能成功拿到。不明白这个套路的用户，就会为了拿到这笔钱而不断地邀请新用户来参与砍价，而这正是拼多多的获客套路。

想要实现裂变必然要想方设法让用户知道，关注这个账号，用户就可以获得"好处"，这个"好处"就是他们关注的动力。

2. 有需求

我们在做一些裂变宣传，比如海报宣传的时候，会在海报上标注我们产品或者服务的最大亮点，而这些亮点也要是用户的需求点。

比如，我有理财这个需求，我在朋友圈看到一个朋友分享了一张关于小白理财课程的海报，海报的大致意思是：小白也能学理财，可以有意想不到的收入。

这两句话完全契合了我的需求点，看到后，我立刻跑去报名了。

需求点是粉丝裂变的另一个重点，有需求就有用户，这也是我们筛选精准用户的一个过程。

我开通写作咨询，也是为了迎合用户的需求点，喜欢写作的人很多，但会写作，并且能够通过写作变现的人却不多。所以，用户的需求点就出现了，这个时候，我也可以开设一个关于写作变现的课程，并且进行宣传，那么有写作需求的人就会添加我的账号来进行写作方面的咨询，这就是需求带来的粉丝裂变。

3. 有种子用户

进行粉丝裂变，种子用户是基础。用户基数越大，裂变效果越好，反之，效果微乎其微。

培养种子用户是很有必要的，这可以帮助我们迭代产品，快速找到服务漏洞，还能有效地形成良好的口碑，提供让人信服的真实案例，便于后续推广。

所以，我们在选择种子用户的时候，需要注意以下几点：

（1）种子用户要充满活力

种子用户越是积极、充满活力，粉丝裂变的效果就越好，假如我们的种子用户全都是"僵尸粉"的话，那么粉丝裂变也将毫无意义。

充满活力的种子用户能够激活全盘，带来极佳的裂变效果。

（2）种子用户要愿意配合

在一款新的产品正式面向用户之前，我们需要种子用户对产品试用测评，寻找产品的瑕疵和漏洞。如果种子用户不愿意配合，那么我们产品的市场化进度将会大受影响。

配合度高的种子用户，能让我们的产品更加完善，修复成本更低。

（3）种子用户要具有传播力

粉丝裂变的前提是用户愿意传播，如果我们选取的种子用户不愿意进行分享，那么我们的宣传海报就算是做得再漂亮也无济于事。

所以我们在对种子用户进行维护时，要积极调动种子用户的情绪，并对愿意进行传播的用户给予一些小奖励来激发他们的分享热情。

8.2.3　粉丝裂变的三种形式

目前最主要的粉丝裂变形式，我认为有三种。

1. 活动裂变

线上通过活动进行裂变的，最典型的还是要属拼多多。拼多多举行了各种各样的活动，比如"砍价""免费拿""领现金""0元购"等形式，来吸引已经注册的老用户参加，但前提是必须拉到新的注册用户，只有这样才有可能砍价成功。

线下活动则见于各行各业，比如售楼部的"老带新"活动、蛋糕店的拼单活动、服装店的多人打折活动等。

活动裂变的形式多种多样，这里简单地给大家列举一下：

（1）邀请有礼

这个前面我们已经多次提过了，售楼部的"老带新"活动就属于邀请有礼，比如你买了一套房子，如果你能带来新的买家购房,你就能额外获得一些返现,或者高额油卡,或者免几年物业费、地暖费等。

这也是最有效的裂变方式,毕竟好处大家都看得见,摸得着。

(2)点赞集赞

这个模式想来大家都不陌生了,通过集赞的方式来对我们的产品进行宣传,同时还能吸引有这种需求的用户,实现粉丝裂变,可谓一举两得。

(3)分享有礼

这个活动主要针对不喜欢进行分享的用户群体。所以,我们需要建立一个奖励机制,只要愿意分享到朋友圈,并且在24小时之内不删除,就可以给予一些额外的奖励。

(4)打卡营销

我们经常看到许多家长在朋友圈晒自家孩子学习的小视频,这就是打卡营销的代表。这种打卡模式不但给品牌做了宣传,还记录了孩子的进步和成长,是很受欢迎的一种方式。

2.朋友圈裂变

朋友圈其实就是一张有边界的网,边界之内,是最不需要付出获客成本的圈子。

以用户作为中心点去宣传,并通过用户来获取他身边的信任网的方式,就是朋友圈裂变模式。

如果大家卖过保险,或者是身边曾经有过从事保险行业的人员的话，就会明白，第一批客户往往是自己的家人和朋友。

而当无法再与自己身边的熟人达成新的保单时，就需要借助已成交客户的朋友圈发展新的客户了。这个时候，对你个人能力的考验才正式开始。

3. 口碑发酵

有个同学在搭建流量池初期，付费用户很少，这导致他的收入几乎不能维持他的正常生活，他好几次都想放弃，但又觉得很不甘心，就跑来问我怎么办。

这个同学毕业于普通的美术学院，也没有特别亮眼的成绩和业内人士背书，但他经过自己的钻研和努力，摸索出了一套简单实用的绘画速成法。

我了解情况后，告诉他三条路子：第一，先找一份能够养活自己的兼职；第二，继续磨炼你的专业技能，让成绩更加耀眼；第三，做口碑课程。

第一条路子是迫切的，因为这个同学需要保证自己的基本生活；第二条路子需要时间去积累，没有任何的捷径；第三条路子则是效果可以立竿见影的。通过培养种子用户来进行口碑发酵，从而获得更多的新用户。

经过一段时间的沉淀，这个同学很快获得了第一批慕名而来的用户，收益也开始稳中有升，到现在基本算是实现了财务自由。

这就是口碑裂变，这种裂变形式，还常见于电影行业。

许多电影在上映之前，会通过点映方式来获得第一批种子观众，从而引发口碑效应，带火电影，比如《我不是药神》《战狼2》《流浪地球》《哪吒之魔童降世》等，都是通过口碑发酵而使得票房大爆，成为现象级电影的典型案例。

口碑发酵适用于各行各业，不管是产品还是服务，做好内容、做好口碑，才是延长产品生命线的根本。

8.3 如何建立自己的社群

社群简单来说就是一个成员有着共同爱好、话题、意愿或特征的群体。社群组建多具有目的性，是志同道合的一群人共同组成的一个社交圈子，也可成为我们跟用户沟通交流的主要媒介。

建立社群，对于我们构建私域流量池具有积极的意义。

8.3.1 创建社群的优越性

1. 提升用户黏性

社群是我们跟用户之间沟通的桥梁和纽带，通过社群，我们能够快速地了解用户的需求和痛点，加强跟用户之间的交流。

我们在运营社群的时候，需要注意不要把群规设置得太复杂。

许多社群为了防止不必要的麻烦，设定了过多烦冗的规矩，这些规矩不但不能提升社群成员的黏性，还会打压社群成员的活跃度和表现力。

所以群规务必简单好记，尽量赋予群成员更多的话语权，减轻群内气氛的压迫感。

社群和谐度对于用户黏性也有着很大的影响，一个不和谐的、充满戾气的社群是无法长久维持运营的，群主有义务和责任维系社群关系，切忌因小失大。

2. 提升价值认同

一个社群要有统一的价值理念，因为我们创建社群的初衷就是维系和发展用户们共同的爱好，如果这个时候发生了观念冲突，影响了社群的发展，我们必须以我们的价值理念为依据，对无法融合的群成员进行拉黑处理。

我以前做过一个读者社群，群里的读者每天都会对小说的剧情进展进行讨论。大部分的读者对于剧情发展只是抱着提建议的态度，但也有少数极端的读者，采取辱骂、恐吓、威胁的方法企图左右接下来的故事走向。对于这种读者，我基本会采取拉黑的处理方式。

这个社群是因为我的故事聚集在一起的，我对我的故事内容和表达理念有着绝对的掌控权和主导权，除我之外的人，都没有左右我的作品的权利，否则作者的创作框架，将会直接崩塌。

3. 提升信任感

信任感是变现的根本，没有信任感，社群变现也将成为一纸空谈。

社群作为维系我们与用户之间情感的纽带，是能够提升我们同用户之间的信任感的。

社群能够拉近我们与用户之间的距离，让沟通变成一件容易的事情，也能让我们在用户心里更接地气，自然用户信任感能够得到提升。

8.3.2 怎样建设好社群

1. 要有明确的目标和定位

社群需要有一个明确的目标和定位，这也是社群能够保持活力和延续下去的根本，但我们要记住的是，我们和社群成员对社群的定位是有区别的。

比如，我现在制作一个新媒体课程，想要学习新媒体相关技能的同学都加入了这个社群，那么我的目标是通过这个社群来进行变现和产品迭代升级，而社群成员的目标跟我肯定是不同的。这个时候，我就要给社群成员也设定一个目标，来帮助他们学习课程、获得知识。

没有目标的社群，会逐渐地走向松散，等到社群成员的热情被消耗一空，这个社群的价值也会变得越来越低，最终失去存在的意义。

2. 确定社群人数

社群当然也是有人数限制的，人数越多，风险就越大，一旦被封号，我们的损失也是巨大的，这种损失不仅是时间、精力上的，对于社群成员的积极性也是一种打击。

所以我们要秉承着"鸡蛋不放在一个篮子里"的原则，设定社群成员的人数，这个人数我建议定在 100 人左右。

社群成立后就要开始根据社群定位进行规划，为下一步做准备。

3. 培养超级粉丝

社群建立之后，我们就要培养超级粉丝了。我认为超级粉丝是能力足够的、认同我们的价值理念并且能从中获益的、充满活力且愿意积极参与的粉丝。对于这种粉丝，我们可以给予其一定的收入，拉拢他们成为我们社群的管理者，根据我们的意向对社群进行管理，从而分担我们的压力。

超级粉丝也是我们的超级种子用户，对于我们后续的产品或者服务的发展和进步，有着巨大的帮助，也能为我们后续组建团队提供人才储备。

4. 输出产品

社群组建之后，就要开始为产品或者服务变现来做准备了，我们可以根据前期的规划进行产品输出，以此来引导社群成员付费。

输出产品是我们的目的，但是社群成员的目的则是通过产品受益，我们可以根据情况来制定一些奖励机制，激发社群成员的学习热情，提升社群活力。

5. 建立回馈机制

社群需要建立回馈机制，来引导社群成员完成社群活动和交易，回馈机制可以大大提升社群成员的积极性，让社群成员感到物超所值，从而形成正向回馈。

这种回馈可以表现在多种方面，可以是物质、机会或者精神上的鼓励。建立回馈机制需要我们对于社群成员的需求不断地进行观察，寻找最优方案。

6. 提升社群活力

社群越是充满活力，越是有利于我们后续的工作开展，所以我们要从以下四个方面来提升社群活力：

（1）提升社群成员的参与感

社群成员参与感越强，对于社群的归属感也就越强。

（2）提升社群成员的积极性

社群成员的积极性越高，社群的活力也就越高。

（3）提升社群成员的行动力

利用福利机制来督促社群成员行动起来。

（4）提升社群成员的分享欲

优秀的成绩往往是最具刺激性和影响力的活广告，能够大大提升社群成员的上进心。

7. 对成熟社群模式进行复制

可复制性是对我们社群模式的考量标准，当我们成功运营一个成熟的社群后，就可以利用这个模式来不断地复制下一个社群，以数量来扩大社群的规模，从而让变现可持续发展。

8.3.3 建立社群需要避开的几个雷点

建立社群必须要避开以下几个雷点：

1. 没有目标

没有目标的社群就是一盘散沙，即便我们付出再多的心血，也无法保证社群长时间保持活力。

任何社群都必须有一个社群目标，这个社群目标可以是销售产品、聚集兴趣，也可以是提供服务、咨询或者拓展人脉。

2. 没有规则

"没有规矩不成方圆"，一个优秀的社群，必然是建立在一种良好的氛围上的，如果社群里经常出现垃圾广告、争吵争执、互相排斥、拉帮结派……那么这个社群最终必然会走向解体。

3. 没有新鲜感

一个社群一旦失去了新鲜感，那么这个社群将会被社群成员渐渐地遗忘，最终他们会删除退出，毫无留恋。

在社群没有完成使命之前，我们要不断地赋予社群新鲜感，让社群成员始终保持着期待感。

4. 没有价值

一个无法提供价值的社群是没有灵魂的社群，最终的结果是优质的社群成员选择退群，而社群的价值不断地衰减，直至失去存在的意义。

为社群赋予价值，提升社群价值，打造优质社群是我们的基本目标。

5.没有归属感

许多的新成员进群后，无人搭理，群主也不做介绍，这会让新入群的社群成员手足无措，对这个社群没有归属感，从而萌生退群心态。

群主要积极行动起来，营造社群归属感。

第 9 章　设计属于自己的变现产品

9.1　每个人都能做出好产品

什么才是产品？

简而言之，任何能够给人带来帮助、令人获益的东西都可以称为产品。

但是，并非所有产品都会受到市场的欢迎。要想得到目标人群的认可，就要生产出好产品。那么，什么是好产品呢？

9.1.1　好产品的三大要素

1. 解决用户需求

因为需求，产品才有存在的意义。

比如，有人发明了一个可以当雨伞的拖鞋，但生活里，谁会将拖鞋顶在头顶呢？那脱了鞋子做雨伞之后，是光着脚走路吗？

显然，这个发明可以被称作发明，但不能被称作产品，因为这个发明在我们的日常生活中并不实用，也不方便，反而还会带来一些麻烦。

所以，我们在进行产品设计的时候，最需要考量的就是产品能否满足用户需求。

根据用户的需求，我们可以将产品分两类：

（1）满足物质需求的产品

人是离不开衣食住行的，只要是活着就会产生各种物质需求，我们随便打开一个电商平台，就能看到平台上的各种分类，什么家电、家居、食品、服装……应有尽有。

这些产品，都是针对我们的物质需求而存在的。

（2）满足精神需求的产品

音乐、艺术、电影、电视剧、短视频、文学作品等，都是为了满足人们日益丰富的精神需求而存在的。

随着社会的不断发展，人们的精神需求越来越丰富和精细化，满足精神需求的产品的数量和种类也大大增加。

2. 打造个人IP

我们在后面会拿出一整章来讲怎样去打造个人IP。

那为什么打造个人IP也是考量产品是否是好产品的一大要素呢？

有了个人IP，即便你没有任何的实际产品，你也可以进行变现。

比如，现在的网红带货主播李佳琦，他本身是没有生产任何产品的，却可以通过带货，年收入过亿元，创造了一个又一个的销量神话，这就是个人IP的力量。

同时，打造个人IP又对我们进行产品设计有着不可估量的积极意义。比如李子柒，她通过短视频爆红网络，之后创立了"李子柒"这个品牌，开办了自己的工厂……

这就是运用自己个人 IP 的影响力来进行变现的典范。

3. 完成价值交付

用户关注你，必然是因为你对用户传递了价值，用户期望从你这里获得更多的价值，所以我们进行产品变现设计也是为了完成跟用户之间的价值交付。

所以，我们的产品是否有价值，能否为用户提供价值，也是我们在设计变现产品初期要重点考虑的一大要素。

如果一个产品在设计时，不考虑价值交付的问题，那么这个设计也将是毫无用处的设计，没有再继续生产出来的意义。

比如，我们在网上报名参加了一个变现课程，如果我们交了费，但通过学习后才发现这个课程并没有让我们获得实质性的进步，反而浪费了我们的精力和金钱，那么这个课程产品就是失败的产品，因为它没有完成对我们的价值交付。

所以，我们在提供各类产品、服务之前，也需要考量我们通过这个产品可以让用户获得什么价值。

9.1.2 怎样获得产品

产品的存在形式是多种多样的，想要通过产品来变现，首先我们要有产品。

那么，产品从哪里获得呢？

1. 自己做产品

自己做产品只需考虑以下几点：

（1）找到自己的优势

比如你是学理财的，就可以自己做课程，通过视频或者直播的方式教大家怎样学习理财；如果你是学画画的，就可以在线教习画画；如果你家里有工厂，就可以自己打造品牌，在线直播卖货……

总之，利用你所有的优势来设计变现产品。

（2）找到自己能够解决的问题

有位学生很苦恼，说自己没有任何的特长，也没有任何能够帮助别人的本领，根本不知道自己该做什么。

于是我让这位学生想一想自己平时帮助别人最多的事，这个学生说别人不开心了就来找她诉苦，每次同她聊完天，这些人的心情就变得很好。我说，这不就是你的优势吗？既然每个人都能被你开导得心情好起来，这说明你是很有潜力的情感导师啊，你完全可以借助这个优势，去考个证书，做情感辅导啊。

这位学生还真去考了，现在也成了一个小有名气的情感导师，收入不菲。

（3）初学不可怕

有的人有兴趣有爱好，但是苦于还没有学出成绩来，所以有些被动。对于这类人，我们通常称之为学习型能力者。

你的学习过程对于其他的初学者来说，是具有积极作用的，分享你的学习方法和成绩，以及你在学习当中所遇到的困难来为初学者做解答，这就可以是你提供的服务产品。

2. 合作

合作就是指你自己不生产产品，而是通过与厂家、企业或者平台合作来让产品抵达用户，你可以借此获得佣金、广告费等。

带货、分销、代购、厂家直销代理等，都属于合作。

那么，什么样的情况下适合合作呢？

（1）自己不愿意付出精力时

我们都知道，从写作变现到打造 IP 的过程，是需要我们花费巨大的时间和精力的，如果我们已经构建了多渠道平台，又不想花费更多的时间来设计自己的产品，就可以选择其他产品来合作。

比如我想做一个写作变现的课程，这样一个课程需要大量的积累和不断臻于完善的课件打造，需要花费大量的时间和精力，那对于我原本的工作可能就会产生巨大的影响，打乱我的生活节奏，这个时候我就可以选择合作。

（2）我们的定位下无法设计出更优质的产品时

我想设计一个写作变现课，但市面上已经有了许多特别优质的写作类的课程，我怎么努力都无法设计出更好的产品来，这个时候，可以选择放弃设计自己的产品，转而跟他们合作，帮他们分销课程来赚取佣金。

（3）合作不影响自己产品的销售还能获得更多收益时

比如，我自己有一个写作变现方面的课程，这时平台来找我说，他们有一套关于短视频变现的课程，想放在我的平台来销售，互相引流的同时我还能获得丰厚的佣金收入。

合作也具有一些局限性，比如，可能不利于我们个人 IP 的打造，无法形成独特的个人品牌，合作产品的质量好坏我们不能有效把控，有可能损害我们的口碑，等等，这就需要我们自己进行取舍平衡了。

9.2 怎么设计自己的产品

有了产品，我们才能更好地变现，产品的形式可以是有形的，也可以是无形的，不管是哪一种，它都是可以进行变现的。

那么，我们要怎样设计自己的变现产品呢？

需要从三个方面进行考虑。

9.2.1 产品服务

当 10 个一模一样的产品放在用户面前，哪个产品会最受用户青睐呢？

当然是服务最好的那个。

产品的质量是可以模仿的，产品的宣传是可以复制的，产品的服务却不是那么容易效仿的。现在的产品竞争，开启了拼服务的阶段。

怎样让我们的产品带给用户更好的体验，吸引更多的用户呢？

1. Demo 很重要

比如，我们要做一个写作课产品，用户怎么来评判你这个产品值不值得付费呢？

我们可以准备一个试听小样，并且这个小样，是真真正正能让用户有收获感的。

如果你试听的小样都干货满满了，用户自然对你的付费部分更感兴趣。

当然，我们的产品不能"金玉其外，败絮其中"，小样优质，付费的内容自然要更加的优质。

现在大家常常以"割韭菜""智商税"来戏称用户被欺骗的现象，这反映了一个事实，即许多产品并没有完成价值交付，才会让用户产生了一种自己交了"智商税"的感觉。

2. 用户体验感要放在第一位

我参加过付费课程，在报名之前，对接的人员往往非常热情，等交完费用之后，对接的人员就变了一副面孔，我再发信息咨询，对方要么不回，要么傲慢地来一句："不可能谁都给你 24 小时服务呀。"

这件事严重破坏了我对产品的信任，遇到这种情况，我会极力要求对方把钱退回。

我们作为用户，是需要好的服务体验的，同理，我们作为产品设计者，必须将用户的体验感放在第一位。

3. 好的售后

比如，我买了某款产品，打开之后发现是坏的，但去找客服后，客服认为这跟他们的产品质量无关，认为我是想讹诈他们，那我肯定要退货、退款并投诉了。

好的售后不仅能让用户帮助我们发现产品存在的漏洞，还能帮助我们平息用户怒火，防止口碑被破坏，让用户对产品充满信心。

9.2.2　产品构架

产品构架简单来说，就相当于一篇文章的大纲。

比如，我们要做一个关于写作的课程，那么整个写作课程里，都包含哪些方面的知识点，每个知识点又分为多少课时，每个课时里又要讲到什么要点，这就是产品构架。

对于产品构架，我们可以根据自身不同的情况进行设计。

1. 形式简单的一对一服务

产品类型：一般是咨询类、知识付费类产品。

适宜人群：有一定粉丝基础，但粉丝人数不多的意见领袖。

优点：

（1）服务周到，用户体验较好，价值交付感强。

（2）不容易出现产品同质化的情况，能够及时获得用户反馈。

（3）容易培养种子用户，变现速度快。

（4）投资小，风险小。

缺点：

收益低，变现慢。

产品设计路径：

（1）宣传海报设计（包含你的特长、优势、服务亮点、联系方式等）。

（2）服务时间预约（在预约的同时完成用户信息采集、确定用户咨询时间/时长、确定用户咨询问题的方向等）。

（3）制定咨询内容/价格（用户咨询的内容需要在我们的能力范围之内，价格方面要明码标价，防止后期扯皮，提前规定好按时/按次收费等）。

（4）赋予用户在一定时间内自由咨询的权利（这一点能够让用户得到更好的服务体验）。

（5）设定反馈机制/奖励（对用户反馈可以给予小的奖励，包括红包、礼物等）。

2. 形式多样的一对多服务

产品类型：知识付费类产品（网上课程、付费社群、付费音频等）。

适宜人群：粉丝基础较好、粉丝数量较多的意见领袖。

优点：

（1）收益较高，变现速度快，能够培养出种子群体。

（2）用户体验良好，能够相对及时地获得用户反馈。

（3）价值交付感良好。

缺点：

（1）投资成本相对高一些，风险也更大。

（2）市场上容易出现同质化的产品。

（3）由于用户人数较多，容易出现服务纰漏。

产品设计路径：

以知识付费类举例——

（1）产品包装设计（产品logo、宣传语、宣传海报等）。

（2）产品框架设计（付费课程内容、免费对外开放的引流干货内容等）。

（3）产品付费路径（付费形式、付费方式等）。

（4）产品跟踪服务（课下辅导、课下作业督促、课下问题答复等）。

（5）产品反馈机制（问卷、一对一调研等）。

3. 涉及范围较广的多对多服务

产品类型：线上产品、线下产品等。

适宜人群：资金、人员准备充足的成熟团队。

优缺点：人员配备充足，能够提供更多更细致的服务，收益与风险并存，能够建立健全的反馈机制，通过人员分配来实现后续的沟通交流，同时也能够获得更多的机会。

产品设计路径：

战略层→表现层→框架结构层→反馈机制→良性循环系统。

由于多对多服务涉及的范围和因素太多，这里无法详细说明，再加上刚入门的我们也远达不到考虑这些问题的层面，这里不再赘述。

9.2.3 产品营销

当我们的产品趋于成熟后，将产品卖出去并且赚到钱，便是我们的目的。

产品营销是产品从设计到变现的最后一环，也是关键一环。

怎样让产品吸引更多的用户，怎样让产品完成交易，都是我们要在产品营销环节重点考虑的问题。

1. 产品包装

产品包装是一门大学问，好的包装往往能给我们带来巨大的购买量。

黑珍珠的故事大家都听说过吧，就是说有个叫克洛德·布鲁的人，在一个小岛上发现了一种黑珍珠，这种黑珍珠十分不值钱，被当地的渔民随意地丢弃。克洛德·布鲁想了一个办法，他拿着采集的黑珍珠找到了"珍珠王"萨尔瓦多·阿萨尔，将这种黑珍珠放在了宝石商人的橱窗里展示，并请来了顶级的明星戴着黑珍珠饰品招摇过市。这件事之后，黑珍珠很快被人们热捧成为价值连城的顶级珠宝。

这就是包装的力量。

产品包装有如下几个要点：

（1）产品噱头

我们经常能看到诸如"小白也能学理财，手把手教你实现财务自由""10天就能学会写作，月入过万元不是梦"这样的标题。

这种感召力极强的标题其实就是噱头。

我们总要先引起用户的注意，才有机会跟他们产生联系，然后才能走到变现这个环节。

（2）产品光环

有光环打造光环，没有光环创造光环。我们现在随便打开一个课程，都会看到对这些讲师的资质的重点介绍。讲师资质就是你产品的名片，资质越高，用户就会认为你的产品质量越好。

有的人会问，没有资质可以吹牛吗？

我觉得打造光环还是要在实际水平的基础上的，比如你是做心理咨询的，但是你连心理咨询师的证书都没有，那肯定是不行的。

（3）产品亮点

想要让你的产品脱颖而出，就必须突出亮点。市面上同质化的产品太多了，想要吸引到用户，必须打造出亮点。

有的时候，亮点和噱头结合在一起运用，效果会更好。

那什么才是亮点呢？

比如，格力变频空调的广告语是"一夜只用一度电"，我们都知道开空调挺费电的，一夜只用一度电，那肯定能吸引到想要节省电费的用户。这就是格力这款产品的亮点。

（4）产品海报

在新媒体平台，产品海报是很有必要的，它能让用户一眼看到你产品的内容，并且可以通过色彩和设计，吸引到更多的目光。

设计产品海报，切忌过于花哨、没有重点，要做到色彩鲜艳，引人注目。

2.产品宣传

想要让更多的用户知道我们的产品，就要有策略地对产品进行推广宣传，宣传范围越广，受众越多，那么可能来购买我们产品的用户就越多。

产品宣传主要有三个作用：

（1）积累种子用户

我们前面的课程反复强调了种子用户的重要性，种子用户不足，会影响后期我们的产品口碑发酵。

（2）吸引更多的新用户

如果只有少量的种子用户，那么等待口碑发酵的过程是极其缓慢的，通过宣传吸引到更多的新用户，才能将产品的名声打响，从而形成产品销售与迭代的良性循环。

（3）建立品牌形象

我们现在提起二手车就知道瓜子网，提起找工作就知道BOSS直聘，提起网购就知道淘宝、京东……这些品牌在我们心里都建立了强大的品牌形象，这种形象对于扩大产品的影响力作用是巨大的。

产品宣传能够帮助我们不断地构建这种形象，直到产品被大众所熟知。

3. 产品目标

宣传的目的是变现，那么设定产品目标也是我们产品宣传中的重要一环。

我们设计的产品，既要满足用户的需求，也要达成我们对产品的期待，这种期待就是我们的产品目标，包括销售目标、用户目标等。

但目标从订立到达成的过程中有许多的不确定性，这些不确定性，会导致我们的目标发生偏移或者无法实现。同时，订立的目标过多，也容易分散我们的精力，导致目标之间互相牵扯、互相影响。

所以，订立产品目标，需要注意以下几点：

（1）目标精简

我们在确定目标前，应该尽可能地减少目标的数量，在最主要的目标上倾斜更多的时间和精力，确保主要目标的完成。

（2）确定阶段性的目标

阶段性的目标看起来更容易达成，出现错误的可能性更小，同时阶段性的目标也更容易帮助我们修正决策失误。

（3）目标方向不可动摇

我们确定了目标方向后，就不能轻易动摇，一旦目标方向错误，我们前期所做的努力都将付诸东流，这会带来巨大的损失。

9.3 产品和个人能力的迭代升级

任何一个产品在最开始的时候都是稚嫩的，我们需要不断地对产品进行打磨和迭代，才能让产品逐渐成熟，最终得到用户的广泛认可。

打磨的过程不仅仅针对产品，还包括我们个人能力及认知的更新迭代，只有紧跟市场的脚步，我们的产品才不会被轻易地淘汰掉。

9.3.1 产品的迭代升级

1. 培养种子用户

对于一个还不成熟的产品或者模式来说，种子用户起着承上启下的作用，他们能够给予我们最真实的反馈，帮助我们不断地成长。

我们为什么总强调种子用户的重要性呢？

（1）初期帮助产品修正漏洞

当我们设计出一款产品时，总会出现这样那样的漏洞，这些漏洞会严重地影响用户的体验，而种子用户对于我们有足够的信任，愿意付出时间和精力来尝试产品，从而给予我们正向的反馈，帮助我们修正漏洞、完善产品。

（2）积攒口碑，节省成本

一个新的产品出现，用户的信任感严重不足，这个时候种子用户可以帮助我们积攒产品口碑，节省推广成本，这时我们再进行推广，就能够获得更好的效果。

2.通过竞品分析升级迭代

我们的产品并不是市面上独一无二的，同类型的产品内，总有几款可以脱颖而出，成为这类产品当中的佼佼者。

那么，什么样的产品才能称为竞品呢？

我认为有三点标准：

（1）用户需求相同

比如，我弄了一个写作变现课，但市场反馈一般，那我肯定要去找同样关于写作变现的一些课程来做竞品分析，肯定不会去找做健身的、做画画的。

（2）市场定位相同

同样的一款产品，市场定位可能也会有偏差。比如，我设计了一套针对小白用户的写作变现课，那肯定不能去找针对高级作家的写作变现课来分析，市场定位不同，教习的东西自然是不同的。

（3）综合实力相当

我常跟学生说，不要轻易地去请教那些写作十分厉害的"大神"级别的作者，要么人家没有时间给你讲，要么是讲了你也领悟不了。那些"大神"级别的作者常挂在嘴边的名言，你听上去就像一碗浓稠的鸡汤，但喝下去很有可能会消化不良。

我们做竞品分析也是这样，不要好高骛远地去找那些市面上做得很大、很有规模的产品去分析，完全可以找一个综合实力跟我们自己相当，但做得又比我们好的去分析，可能很轻易地就能找到自己存在的问题，并且改正。

竞品分析能让我们迅速地找到自己的不足，学习人家的优势，大幅度地提升我们产品的综合竞争力，但是拿到竞品之后，我们要怎样进行分析呢？

（1）横向分析

横向分析的意思是拿我们的数据跟竞品的同一数据做对比，如课程的定位、用户、课程质量，等等。

通过横向对比，找出我们的产品跟竞品之间的差距，并提出解决方案。

（2）利用工具

善于利用各种工具，包括 Excel、SAS、SPSS、BCG Matrix、Tableau Software、Kanno 模型，等等。

这些工具功能齐全，能够帮助我们把零碎的数据用简单的方式清晰地展现出来。

学会使用这些工具，也是我们从事新媒体工作必备的一种技能。

9.3.2 建立产品反馈机制

我们在进行产品路径设计时，每一种路径的最后，都设定了产品的反馈机制，这种反馈机制，有利于我们做产品迭代，提升产品服务，是不可缺少的一个环节。

那么，如何建立这种反馈机制呢？

1. 建立反馈渠道

想要知道用户的真实反馈，首先得给用户一个发声渠道，如果用户不跟我们反馈，那就可能去跟身边的人或者平台网友们抱怨了，这无形中会放大产品的问题，还会影响到我们的口碑。

及时跟用户保持良好的沟通，了解他们的问题，提供让他们批评的媒介，才能在降低影响的同时帮助我们完成产品的迭代升级。

2. 收集调查问卷

我们还可以通过调查问卷的形式有目的地向用户收集反馈信息，也可以适当地赠送一些小礼物来鼓励用户帮助我们完成问卷调查。

调查问卷相比于用户主动反馈，所涉及的问题更多、范围更广，也能帮助我们获得更加全面的调查结果。

3. 利用反馈工具

我们看电视会发现，可以选择不同的分辨率，我们在做选择的时候，其实也是在向平台提供一种反馈：哪个分辨率是我们最常使用的，为什么会出现这种结果。

反馈工具对技术水平要求比较高，我们在进行一对一产品设计，或者一对多产品设计时，往往不能达到这种技术水平，所以这里不再多说。

9.3.3 底层逻辑认知的迭代

认知水平是有高低的，每个人的认知也都是存在边界的，人们终其一生，都困在自己的认知水平内，永远无法知道自己认知之外的事情。

当我们鼓起勇气，勇敢地打破自己的固有认知，去寻找"新"的边界时，我们就超越了大多数的人，看到了不一样的天空，学到了不一样的知识，成就了不一样的自我。

很多时候，我们以为自己认知到了事情的本质，但当接触了新的知识之后，原有的认知就会被颠覆，新的认知得以建立。

那么，怎样对我们的底层逻辑认知进行升级迭代呢？

1. 持续输入知识

人人都知道学习是进步的阶梯，但我们的工作和生活让我们的学习时间变得零碎，对于自律性不高的人来说，保持持续的知识输入就成了很大的难题。

想要进步,想要赚钱,除了学习,没有更好的办法。

怎样保持持续的知识输入呢?

(1)学自己最感兴趣的

不管是学习还是写作,我都认为兴趣是第一要素。

比如,我特别不喜欢学化学,你让我背诵元素周期表比杀了我还让我难受,但是我喜欢看小说啊,没日没夜地去看,看到最后就发现自己也能写,所以我就去写小说了,还将其发展成了我的主业。

因为感兴趣,所以为之付出再多的时间和精力,都不会觉得痛苦,这就是兴趣带来的知识输入能力。

(2)养成高效的学习方式

养成高效的学习方式能大大提升我们的工作效率,也能大大提升我们学习的乐趣。

前一段时间,我接到一个咨询,是关于中国古代首饰的一些问题,我对这个问题的认识也很模糊,就买了很多关于中国古代首饰的书籍去翻。有些介绍古代首饰的书写得实在是太枯燥了,只要一翻开书我就发困,但又不想去敷衍对待这个咨询,那怎么办呢?

我就开始逐本地去做思维导图,选一个自己最喜欢的导图模型,一路做下去,不但知识能掌握得很全面,书也看完了。

这里也给大家介绍几种好用的学习方法:费曼学习法、思维导图学习法、SQ3R 阅读法、西蒙学习法、番茄工作法,等等,大家可以自行了解。

（3）养成记忆习惯

对于我们想要通过写作变现的人来说，为了学习而去学习实在痛苦，但不学面临着素材枯竭的危险，怎么办呢？

我的方法就是，要善于捕捉生活中的记忆点，养成记忆的好习惯。

比如，我们看电视剧，许多人就是看个热闹，但我们完全可以边看热闹边去提炼素材，比如，看《甄嬛传》时，里面形形色色的人，构思精妙的细节，清朝时期后宫的称呼、礼仪、服饰、妆容……这所有的细节都是值得我们去学习的，而最好的办法就是养成下意识记忆的好习惯。

看电视剧不痛苦，通过看电视剧来记忆同样不痛苦，这种方法也适用于我们接触其他类型的内容，甚至玩游戏时也可以记忆。

（4）坚持不懈地进行知识复盘

复盘不是简单地做个笔记，然后就将笔记束之高阁了，我认为最好的复盘就是将你学到的知识进行总结，整理或者再创造。

比如，我们看《甄嬛传》后，可以写写剧评，或者引申出关于人性的一些思考，这不但能帮助我们对学到的知识进行整理，还能让我们在思考的过程中，将这些东西转化成我们自己的知识。

没有复盘的学习，等于浪费时间，许多内容我们当时记得住,但睡一觉可能就忘了。

做好复盘,知识才能变成认知。

2. 深挖事情本质

在学习新媒体技能之前,许多人或许不知道什么才是新媒体,知道了新媒体之后,又有多少人去思考新媒体的本质是什么呢?

只有知道一件事情的本质,我们才能以一破万,以简化繁。

有人说新媒体的本质是传播,有人说新媒体的本质是营销,有人说新媒体的本质是内容……

每个人所认知的本质都是对的,但也都是不全面的。

因为认知存在边界,我们认为的本质在别人看来或许都是错的。

这就需要我们不断地去深挖本质,只有不断地挖掘问题的本质,我们的底层逻辑认知才能迭代。

深挖本质有三个方法:

(1)不断拓宽认知维度

最近有一句特别火的话:"你永远都赚不到你认知之外的钱,就算是赚到了,你也会凭实力赔进去。"这句话说明了认知的局限性。

因为认知的局限性,我们需要不断地拓宽认知的维度,尤其是对于从事写作的人来说,只有不断地拓宽认知的维度,我们才能写出更具深度的作品。

我之前给作者们讲人物构建也就是人设的时候，常告诉他们，人物的行为要从其性格特点出发，但后来我读了一些心理学的书籍才发现，如果从心理学的角度去处理人物的性格，会让人物更加饱满。

当我们的认知维度不断拓宽的时候，同样的一件事就会出现不同的思考角度，也衍生出了不同的解决办法。

（2）深挖人性本质

当我们从人性的本质去思考时，就会发现许多事情都能迎刃而解。

所以，人因为好奇心，才会在看到新鲜劲爆的标题时情不自禁地点进去，人因为贪心，才会因为一些免费赠送的资料来关注你……

学会深挖人性本质，我们就能清晰地抓到用户的需求点、痛点、厌点、痒点……要对其善加利用，为变现服务。

（3）学会理性思考

相信每个人都曾经因为一件现在看来无足轻重的小事情失态过，冷静下来去思考，就发现这件事也没有当时看上去那么无法接受，或许换个角度、换个说法、换个表情都能让问题大事化小，小事化无。

理性的思考才能帮助我们从正确的角度去思考问题。

我认识一个作者，每当我对她的稿件提出建议和进行纠错时，她都认为我在陷害她，于是我越是纠错，她越是反感。直到有一天，我从别的作者那里听到这个作者对我的埋怨时，我才调整了自己，放弃了对她的指导。

倘若这个作者理性地去思考这个问题，换个角度去考虑，我说的这些建议到底对不对，对她到底有没有帮助的话，或许那就是另一个故事了。

3. 学会自我迭代

自我反省的过程就是自我纠错的过程。

比如，上次我做家务的时候不小心打碎了一个盘子，那么这一次做家务，我就会有意地避免再打碎一个盘子，这个意识让我这一次成功地完成了做家务的任务，所以进步了，也就完成了自我迭代。

自我纠错就是在自我迭代。

大家学习写作变现，从一开始不知道该从哪里入手到现在知道该怎样进行定位，怎样构建多平台矩阵，怎样打造自己的私域流量，这个从不会到会的过程，也是自我迭代的过程。

人类正是因为不断的更新迭代，才有了现在高度发达的文明，同样，人的发展，也是从无知到有知的迭代，从幼稚到成熟的迭代。

第10章 注重个人IP的打造

10.1 了解个人IP

在讲个人IP的优越性之前,我们要先了解,什么才是个人IP。

IP其实就是一种产品,一个独特的符号,代表着一类人群的价值观、世界观、宇宙观,或者说是一种流量体。

比如,现在的偶像明星,就是一种极具代表性的IP,他们背后往往有着巨大的流量和商业价值,我们习惯称他们为流量明星。

一个顶级流量明星能够催生出无数的利益群体,这些利益群体,依靠着顶流IP持续不断地获取收益,从而形成一种流量效应。

我们每个人都可以打造属于自己的IP,比较有代表性的个人IP有:李佳琦、papi酱、华农兄弟,等等。

10.1.1 个人IP的优越性

我们为什么要去打造个人IP呢?

务实一点回答，答案只有两个字：赚钱。

写作是进行内容创造，处于赚钱的基础阶段，想要获得更多的收益，打造个人IP无疑是一条已经被成功践行了无数次的道路。

个人IP有其独有的优越性，是我们进行变现的基石。

本节内容，我们重点来说一说，打造个人IP都有哪些优越性。

1. 提高辨识度

个人IP有着独一无二的辨识度，能够不断地加深IP产品在人们心中的记忆点，从而建立强有力的品牌效应。

具有高辨识度的IP产品，在我们的生活中随处可见。

每个国家都有其独特的、令人记忆深刻的、人们耳熟能详的IP人物，如中国的孙悟空、哪吒，日本的海贼王、火影，美国的漫威英雄等。

那么，怎样创造具有高辨识度的个人IP呢？

（1）有温度

互联网的发展，拉近了人与人之间的距离，各类品牌、机构、企业、组织及单位，也开始从"高冷"变得"接地气"起来。

比如，我们的外交部发言人，也开始通过社交媒体拉近与网友之间的距离，不仅让广大网友更真实地感受其魅力，也激发了广大网友的爱国热情。

（2）有人设

个人IP要具有鲜明的人设标签。比如，作家顾漫有个外号叫"乌龟漫"，因为这个外号，很多读者明知她更新慢，还是愿意耐心等待。这就是人设的作用。

2. 强化信任度

一个陌生人和一个熟人，谁会让你更有信任感？

同样，一个被大众所熟知的IP作品衍生和一个没有IP化的作品，哪个更能引起大众关注？

答案都是显而易见的。

我们打造个人IP的目的，就是强化受众跟我们之间的信任度。

比如，火爆海内外的李子柒，通过打造个人IP，创办了自己的公司和工厂，并通过出售品牌产品和周边进行变现。因为大众对她很熟悉了，所以会毫不吝啬地掏钱去购买她的产品，这种购买行为，完全是以信任为基础的。

如果这个时候出现个"李子玖"，平白无故上来就给你推销产品，你会去购买吗？

所以，强化信任度也是打造个人IP不可忽视的优越性之一，并且是我们变现的基础。

3. 自带流量

成熟的个人IP是带有巨大流量的，不管你以什么身份、利用什么方式去变现，这个流量都会始终跟着你，持续地给你带来收益。

比如罗永浩，他原本是个企业家，之后因为负债被广大网友进一步熟知，虽然负债并不是一件光彩的事，但不可否认的是，这给他带来了巨大的流量。

为了偿还负债，罗永浩开始直播带货、参加综艺，各渠道全面开花，短短两年就还了4亿元的债务。

从这一点我们就可以看出，打造个人IP更有利于多方式、多渠道、多维度变现，这也是个人IP特有的优越性。

我们再举一个例子。

2019年，《哪吒之魔童降世》一经上线，横扫各大影院，最终揽获50亿元票房，成为票房仅次于《战狼2》的现象级作品。

2020年《姜子牙》上线，基于《哪吒之魔童降世》的热度，《姜子牙》再次大卖，票房突破10亿元。

不管是哪吒还是姜子牙，都是家喻户晓的神话人物，本身就自带无可比拟的流量，而《姜子牙》又因《哪吒之魔童降世》珠玉在前，在口碑两极化的情况下，依然斩获了较好的票房，充分说明了IP自带流量的优越性。

10.1.2 个人IP的价值

1. 对个人能力的背书

成熟的个人IP带来的不仅是收入和影响力的提升，更是对个人能力的背书。

在我们竞聘新的职位和工作机会时，拥有个人 IP 能够大大提升我们的核心竞争力。

我有个朋友经营自己的公众号，短短半年不到的时间，她公众号的粉丝就达到了 10 万，月收入也稳定在了 3 万元左右，刚好他们公司需要一位新媒体运营主管，朋友凭借自己的运营经验及成绩，轻松拿下了运营主管的位置。

当我们的个人 IP 有了价值，并且能持续变现的时候，我们就拥有了更多可以选择的资本。

2. 强大的变现能力

我们前面提及的所有的案例都说明了一个问题——个人 IP 具备着强大的变现能力。

这是我们打造个人 IP 的根本目标，也是在新媒体行业实现财务自由的根本。

马化腾曾在演讲中表示，过去的 10 年是消费互联网的 10 年，未来 10 年是产业互联网的 10 年。

消费互联网的红利期已经过去了，而产业互联网的机遇才刚刚开始。

打造个人 IP 对于产业互联网相关行业来说，有着巨大的优势，对于我们个人来说，只有做好准备，才能在机遇到来的时候，抓住机遇。

3. 降低创业风险

创业常常伴随着巨大的风险，人们看到的，往往是那些创业成功的人，却看不到创业失败的惨重后果。

打造个人 IP 提供了一种新型的创业方式，不需要我们投入巨大的资金，只需要一台电脑就能随时随地地运营我们的账号，即便失败，也只是浪费了我们的时间和精力，不会带来巨额的财产损失，大大降低了我们的创业风险。

同时，利用个人 IP 的影响力，将粉丝转化成我们的种子用户，还能大大地降低我们的获客成本。

10.2 打造个人 IP 的路径

在互联网还不发达的时候，普通人想要完成从"普通人"到"流量王"的转变是十分困难的，那个年代，一个 IP 的诞生，需要专业的媒体打造。

互联网的发展，给了每一个普通人打造超级 IP 的机会，在这个人人都有可能成为 IP 的时代，只有掌握正确的方法，才能不走弯路。

那么，怎样精准打造个人 IP 呢？

10.2.1 做好定位，确定努力方向

打造个人 IP 需要我们给自己做个系统的规划，做好个人定位。

定位准确，才不会出现方向性错误。

许多人反映，自己想来想去，就是不知道该怎么给自己做定位，总觉得自己一无所长，一无是处，根本不能确定自己到底能给别人带来什么帮助，以至于过了很久，还没有找到自己要努力的方向，最后也不了了之了。

这也是我将写作变现放在前半部分来讲的主要原因，打造个人 IP 的基础是内容创作，当我们学会了写作，并且通过写作成功变现的时候，打造个人 IP、找到自己的定位就会变成一件十分简单的事情。

如果你想直接从打造 IP 的大局观出发去进行内容创造，起步的时候会相对艰难，但越往后反而越简单。

不管大家是从写作变现到 IP 变现，还是先打造个人 IP，做好系统规划再进行写作变现，都是可行的，不过是由简入难还是由难入简的过程差别。

不管是哪条路，我们都无法避开的是做好定位，确定努力方向这一步。

1. 明确个人优势

想要准确地找到我们的定位，首先要明确我们具备哪些方面的优势。

优势可以包含多方面：

（1）可以与工作相关

比如，A 同学是做医生的，想要利用闲暇时间发展自己的副业，就开通了自己的知乎账号，在知乎上做一些专业的医学知识解答，迅速地积累了几万粉丝。

A 同学发现效果不错，又同步开通了抖音账号，开始制作关于医学方面的科普小视频。

由此可见，通过对自己工作性质的挖掘能够快速地找到我们的定位方向，并且能提供相对专业的服务。

（2）可以与兴趣相关

比如，B 同学在银行工作，但私下里很喜欢研究美食，就在微博上开通了自己的美食账号，同时也开通了抖音等平台的账号，以小视频的方式展示制作过程，迅速涨粉十几万。

2. 把个人优势变成个人特色

随着自媒体的发展，大量创作者涌入这个行业，定位同质化成为无法避免的问题。

倘若你的优势是可以模仿复制的，就很容易出现"原版不火盗版火"的现象。

所以，找到个人优势不是重点，打造我们的特色优势才是重点。

我把个人特色分解成了两个要点：

（1）一定要有记忆点

在这么多的竞争者当中，我们可能不是那个最优秀的，这个时候我们要怎样让大众记住我们呢？

答案是给自己找到一个最特别的记忆点。

就像李佳琦，我们想到他就能想到那句"Oh my God，买它!",这句话如同魔音绕耳,只要提起就能想起他这个人。

当我们有了记忆点,大众就能迅速地记住我们,并且会下意识地将这个记忆点对应到我们身上。

(2)一定要有人设

我们经常听到人说明星"卖人设",事实上,不只明星在"卖人设",我们日常生活中的每一个人,都有"卖人设"的时候。

比如,D同学很爱发朋友圈。在朋友圈里,她旅游、摄影,经常写些文艺的小句子,可私下里她其实是个"人来疯"。

不了解她的人,就会被她朋友圈的人设所迷惑,从而把她想象成"文艺女青年"。

我们在打造个人IP的时候,也要去找人设。因为生活中的我们是多面的,可能个性没有那么突出,而一个鲜明的人设能让我们在大众的心里变得立体起来。

3. 学会自我包装

俗话说:"人靠衣装马靠鞍。"一截木头桩精雕细琢之后也能变成价格不菲的艺术品,一个普普通通的人,经过包装也能走上舞台,绽放光彩。

我们打造个人IP也要学会对自我进行包装。

(1)起一个好名字

这里所说的好名字,至少要有以下几个特点中的一点:

- 朗朗上口,如六神磊磊。
- 个性鲜明,如辣目洋子。

- 寓意非凡，如南征北战。

一个好名字，影响是深远的，它不仅仅是我们行走在互联网世界的符号，未来还将代表着我们的品牌形象。

（2）制作一个好头像

头像是我们在互联网世界的形象，比起名字，头像更容易引起人的注意，给人留下深刻印象。

好的头像，同样具备以下几个特点：

- 色彩醒目，比如 HIGO 商店的公众号头像（如图 10-1 所示）。
- 独特设计，比如共青团中央的微博头像（如图 10-2 所示）。

图 10-1　HIGO 商店公众号头像

图 10-2　共青团中央微博头像

- 可使用真人照片，使用此类头像的多为针对某个行业的专业自媒体，比如教育、房产、金融领域的博主……真人头像会让人感觉更加专业，更有说服力和可信度。

我们在制作头像时，要尽量突出我们账号的特性，一眼就能看出我们账号属性的头像最优，尽量避免那些风景图、漫画图、明星网红照片之类的头像，这对于我们打造个人IP非常不利。

（3）寻找背书

前面我们说过，只有熟悉的人，大众才会给予其信任感，在双方没有任何交流了解的前提下，怎样让大众快速对你建立信任感，是我们打造个人IP必须考虑的事情。

倘若我们能够通过内容积累一批粉丝，并且将这些粉丝转化成种子用户，在后期依靠口碑吸引顾客时，这些种子用户，就是我们最有力的背书。

而在我们在没有积累足够的用户前，怎样让大众了解我们、相信我们呢？

我们在这个领域内，有多少成绩，拿过多少证书，达到什么层次的职位，有多少光鲜的履历，都可以罗列出来。如果成绩太过普通，那我们也可以想想办法尽量地美化自己。

有的人问："老师，我连普通成绩都没有怎么办？"

那你就回头去认真学习第一课，先从写作变现开始去积累吧。

10.2.2 高效输出，让用户为你花费更多的时间

内容是我们立足的根本，只有真正的好内容，才能经得起用户的检验，从而获得更长的生命力。

然而，高强度的内容输出本身就是对我们知识储备的一种透支。想要让自己有内容可写，有话可说，就需要我们不停地学习和积累。这些内容我们在前面的写作课里都说得很清楚了，这里不再重复。

所谓流量，其本质就是用户花费的时间。

用户在你身上花时间，你就拥有了流量，用户越多，花费的时间越多，那么你的流量就会越大。

如何让用户花费更多的时间这个问题，是所有互联网公司都会思考的问题，那么我们作为个体，要怎么做呢？

1. 三个要点

（1）做好内容，优中更优

这是我们整本书里，反复提到的一个重点。

好的内容，不怕没有人关注。

那么什么才是好的内容？

我认为是真正能够帮助受众的、有价值的、真正为他们解决问题的、满足他们的需求而不是伪需求的内容产品。

（2）多"刷刷"存在感

网上吸引眼球的事情太多了，如果我们长时间不出现的话，

粉丝们可能转头就忘记了我们的存在。

我们可以利用平台的一些功能，比如今日头条的微头条、知乎的发想法等功能多"刷刷"存在感，加强跟粉丝沟通的频率，提升粉丝黏性。

（3）培养个人魅力

魅力这个东西说起来有些玄，但也是我们综合素质的体现。

我们的内容能否影响用户，我们的知识和专业度能否让用户信服，我们的涵养和素质能否让用户产生好感，都能影响到我们在受众心中的印象。

博学、专业、诚挚这三点是魅力之根本。

2. 三个技巧

（1）更新时间固定

更新时间固定更有利于培养用户的阅读习惯。

确定每个平台的文章推送时间需要考虑很多因素，包括但不限于方向定位、用户习惯、用户属性，以及热点出现的时间，等等。

我们需要基于自己的账号特质来安排推送时间。

（2）保持稳定的更新频率

稳定的更新频率同样能够有效培养用户的阅读习惯，同时，稳定的更新也有助于保持账号的活跃度，吸引更多的用户，保持账号的良性运营。

（3）保持跟用户间的友好互动

一篇文章推送之后，我们常常收到很多来自用户的留言或者评论，用户在留言的时候是很期待得到作者的回复的。

可能因为时间原因我们不能一一回复，但每次回复几条，也能达到跟用户沟通交流的目的，让用户保持期待，这也代表着我们愿意跟用户交流沟通。

3. 三个雷区

（1）身份庞杂，没有主次

这个身份，说的就是我们展现在各平台上的身份标签。

当我们确定好自己的输出方向和个人定位时，就要不断地去突出这一点，找出我们最擅长也最亮眼的能力。比如，同学C精通营养学，在进行宣传时，要着重突出这一点，告诉他的受众，在这一方面，他很专业，可以给予他们帮助。

其他的特长，我们只能作为加分项，来提升个人魅力，而不是个人定位。

（2）领域不垂直，涉猎太多

领域垂直不仅关系到我们的个人定位，还关系到账号在平台上的权重。

拿知乎来说，如果你的领域是写作，但在进行内容输出时，一会儿写美食，一会儿写音乐，这样会大大影响你的账号权重，后果就是你的答案很难冲到首页。

如果你在同一领域持续耕耘，那么你在这一领域的权重就会大大提升，在你推送答案时，你的答案就会出现在前几名，从而获得比别人更多的流量。

我们打造个人 IP 时同样如此，最忌讳的是，我们什么都懂又不全懂，什么都会又不全会，这样反而会让受众产生不信任的感觉，对我们的专业也会产生质疑。

（3）盲目引流，没有构建好流量蓄水池

当获得了流量后，许多人会盲目地将粉丝引流到自己的公众号或者微信群中，但同时又没有建立起完善的服务机制，导致这些粉丝入群后只能闲聊，久而久之粉丝热情被消耗，就会选择退出。

构建好流量蓄水池是引流前的必要准备之一，我们需要在构建之初就设定好社群存在的动机和赋能点。

我自己是有过失败经历的。前期，我通过作品获得了大量的粉丝，并建立了粉丝群，但我本人是个不太热衷经营粉丝群的人，对于粉丝群也缺乏正确的引导，之后粉丝群出现了纷争，导致粉丝大量出走。

到现在，这个群粉丝依然不少，但除有人发广告外，群里基本没有粉丝在聊天互动了，即便我偶尔出现一次，也激不起什么浪花来。倘若我从一开始就想好建立社群的目的，以及要给这个社群赋予什么样的价值，相信也不会出现如此严重的粉丝流失。

10.2.3 良性循环，开始变现

到了这一步，我们就可以针对用户需求，开始变现了。

通过前面的准备，我们基本建立了一个从内容创作到流量变现的品牌产业链，想要成功变现，打造出一个成熟且成功的IP，我们必须做到以下几点：

1. 要有成熟的变现模式

通过什么方式变现、变现的流程，以及应对紧急事件的准备都是我们要仔细斟酌考虑的。

比如，A想要通过制作新媒体课程收取学费实现变现，那么首先他要准备一套价值相当的新媒体课程。

这个课程包含什么内容、要通过线上还是线下进行授课、课程持续的时间、付款方式及后续还包含什么福利等事项，都是需要A提前考虑好的。

构建成熟的变现模式，是IP变现的基础。

2. 要让用户有一个好的体验

不管我们以什么方式去变现，都要让用户在使用我们的产品或者服务时，有一个好的体验，这样才能产生"回头客"，为后期的口碑裂变做准备。

这里我不得不再提一下《哪吒之魔童降世》，这部电影在上映之初并不被看好，一部分观众在看到海报后觉得哪吒顶着两个黑眼圈，看起来丑丑的，还以为这又是一部国产动画的失败

之作。

但第一批看过这部电影的人都说好，从而吸引了更多的人走进电影院，最后引爆票房，甚至在全国刮起了模仿哪吒的热潮。

能否让用户满意，是检验我们产品或者服务的唯一标准。

3. 与时俱进，延长 IP 的生命线

许多的明星或者网红经常会用"过气"这个词来形容自己。

事实上，"过气"往往不是耸人听闻，尤其是新媒体行业，一个"新"字就暴露了对不断迭代的高要求。

想要不被时代淘汰，与时俱进才是延长 IP 生命线的唯一出路，就算是那些经典 IP，也要跟随时代的进步来进行雕琢。

我们的个人 IP 尤其需要如此。

需要对产品不断地进行迭代升级，对服务精益求精，对内容的品质雕琢淬炼，始终保持自我提升，只有如此，才不会被后来者淹没，变成"过气"IP。

10.3 个人 IP 变现方式

任何营销的最终目的都是进行商业变现。

前一段时间，朋友找我聊天，十分生气地说他不能接受李子柒开工厂卖商品："她可是超凡脱俗的小仙女啊，怎么能变成商人呢！"

我问他："那你觉得她拍短视频是为了什么呢？"

朋友说李子柒只是单纯地分享自己的生活而已，因为热爱不行吗？

我问他，你知道拍摄这一条视频要付出多少精力和时间吗？如果李子柒不赚钱，她怎么养活自己？

当然，这只是个生活中的小插曲，我们要明白的是这背后的本质，并且学习别人的经验。

我们在前面已经提及了许多写作变现的方式，这一节我们再系统地讲一讲个人 IP 是如何进行变现的。

10.3.1 内容变现

网络文学蓬勃发展后，章节付费成为网络作家获取稿酬的重要方式，而对优秀网络文学的版权开发，也让网络文学开始走向主流平台，被更多的观众所熟知。

比如，《甄嬛传》《琅琊榜》《花千骨》《庆余年》《少年的你》等热门影视剧，都是从网络文学中衍生而来的。

抖音、B 站等视频平台，也孕育出了很多热门 IP，如 B 站的剪辑视频《遇龙》就成功地卖出了影视版权。

除此之外，知识付费、网络课程、实体出版等方式，也都是对内容的变现。

要做到内容受现，须具备三个特点。

1. 内容扎实

流量越大，变现的机会越多，收益也越高。

但大流量的背后，依靠的应该是扎实的内容基础。

越是被大众所接受、喜欢的内容，资本就越是追捧，获得的收益也就越高。

2. 紧跟市场潮流

不是每一个创作者都能创作出经典，但每一个创作者都可以紧跟市场的脚步，适应市场的发展，跟随市场潮流与时俱进。

3. 领域延展性

可以对内容进行变现的 IP，同样具备极好的领域延展性，比如，文学 IP 从创作到走向大银幕，其过程中有无数的变现点，如创作者可以向外授权对作品进行周边产品开发，从而获取利润。

10.3.2 带货变现

带货变现已经成为个人 IP 变现的重要方式之一。

不管是明星、网红还是普通人，都能通过平台开通直播间，线上销售产品，并获得收入。

这种形式带来了巨大的机遇，诞生了一批带货红人，比如李佳琦、薇娅、罗永浩、刘涛，等等。

对于名人明星，粉丝们对其有着天然的信任感，这种信任感也催生出了强大的购买力。

我们作为普通人，自然没有名人那么大的影响力，想要通过带货来变现要怎么做呢？

1. 专业度

在任何行业，专业都能让人产生信服感，我们可以把带货的产品领域，集中在我们的专业领域。我们越是专业，就越是能说服受众去购买。

这里，我们还要注意两个技巧：

（1）从消费者的角度出发

比如，我作为消费者，想要买不粘锅，我最想了解的就是这个不粘锅相比于其他的产品，到底优势在哪里。因此作为主播，要告诉消费者买这个不粘锅的理由。

站在消费者的角度进行推广，会事半功倍。

（2）注重性价比

市面上那么多的产品，我为什么要在你这里买呢？你的产品和价格有什么优势呢？我买这个产品的性价比高不高呢？这些都是消费者关注的重点。

消费者都有"捡漏"的心理，你让他们觉得占了便宜，他们当然愿意从你这里买了。

2. 真实的体验

知乎好物的带货功能之所以能获得成功，一个重要原因是大家更希望看到跟自己一样的普通人在使用了这款产品后的真实感受，而这种真实感受恰恰是很难得的。

评价如果不真实，就失去了参考意义，因此，真实的使用感受，就变得格外珍贵。

消费者都不想做"小白鼠",那么你带货的意义就是告诉他们,哪个好哪个不好,我已经亲测过了,大家都不用去冒风险了。

如果能做到真实,就很容易获得大家的信任。

我们普通人带货,有两个问题要注意:

(1)对产品充分了解并且真实试用

许多人会为了一时的利益,没有底线地去推荐产品,其后果就是搬起石头砸自己的脚。

口碑一旦被破坏,再想修复就很难了,而我们普通人打造IP的过程是很艰难的,承受不起口碑崩坏的后果。

基于此,大家在推广产品时,一定要谨慎,不要给自己"埋雷"。

(2)带货频率要克制

我们不是李佳琦、薇娅那种专业带货者,内容创作才是我们的根本,在源源不断创作出好作品的基础之上进行少量的带货,才能取得较好的效果,如果我们一直推送广告,被我们内容所吸引的粉丝们就会产生厌烦情绪,从而"脱粉"。

这一点,也是我们必须注意的。

3. 人格魅力

我在讲人设那里也提到过人格魅力的重要性。

人格魅力是将普通粉丝转化成"铁粉"的关键,而这些"铁粉",是我们变现的真正支持者。

培养人格魅力，需要具备以下几点：

（1）好的性格

生活中，大众更喜欢接地气而又平易近人的性格的人，我们在塑造人设的时候，可以从这两个点入手，与粉丝沟通交流时，要显得更有亲和力。

（2）突出的能力

我们的粉丝多是被我们的作品内容所吸引的，所以我们的能力更多地体现在我们的作品上。

想要粉丝关注和喜欢，就要不断地在作品上下功夫，让粉丝从内心认可我们有被关注和喜欢的价值。

（3）有气度

斤斤计较，尤其是跟自己的粉丝斤斤计较，是十分不可取的，对于我们打造个人IP来说，也是有很大破坏力的。

不管何时何地，我们都要表现出应有的气度，永远把重点放在自己的内容创作上，这才是我们立足的根本。

10.3.3 社群变现

社群变现也是未来发展的趋势，建立社群后，我们才能对用户精准推广产品，强化跟用户之间的沟通和交流，不断提升信任度，从而达到变现目的。

社群变现一般有两种形式：

1. 会员收费变现

即群成员通过付费进入社群，进而享受社群提供的服务、领取福利和参加活动。会员收费变现的前提是我们的社群具备能让群成员付费的价值。

如果群成员对社群信任度不够，或者我们对自己的产品还没有足够的把握，可以采取以下两种方式：

（1）先免费后付费

我们通过免费吸引会员，并通过免费社群来向我们的会员展现付费社群的价值，继而吸引会员付费，通过付费选出更优质的用户。

（2）等级付费

我们可以根据不同的服务等级对社群进行分级，等级越高收费越高，目的是通过低付费让会员先行试用，当会员感受到了社群带来的好处时，再引导他们付费成为等级较高的社群成员。

2. 课程变现

课程变现也是社群变现的一种方式，通常分为三种形式：

（1）一次性付费

此类课程是我们提前制作好的视频课程，通过付费平台（如微信小程序）上传，会员付费之后，可以浏览课程。

（2）直播课

此类课程需要统一收费，交费后可获得听课权限。

（3）线下课

线下课一般是面对面授课，一般服务于公司、企业、学校。

3. 服务变现

社群的服务一般是咨询类的，有两种变现方式：

（1）按次数

比如，我在知乎上开通了改稿讲稿服务，创作者付费咨询后，我就会对创作者的稿件进行一对一的指导，直到创作者满意为止。

这种服务是一次性的，如果创作者想要获得其他对于稿件的指导，就需要再次付费。

（2）按时间

许多老师的时间比较宝贵，会按时间进行收费，但通常这种方式价格也比较高昂，对于入门的新人来说，性价比不高。